成功早教

专家指导

张秀丽 / 编著

中国人口出版社

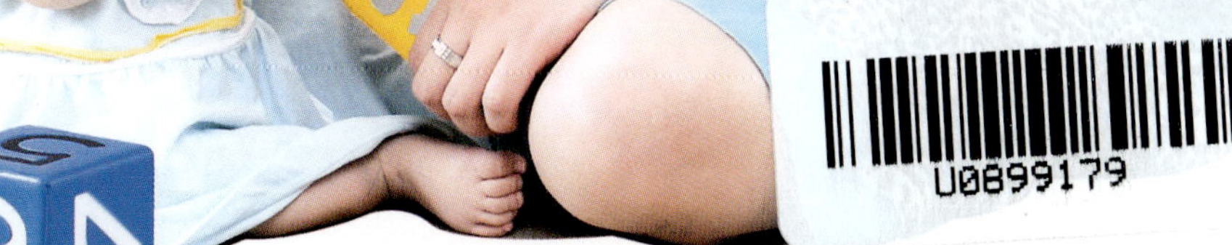

Contents 目录

第1章 0～1个月新生儿

目录

第2章 1～2个月的宝宝

第3章 2～3个月的宝宝

第4章 3～4个月的宝宝

第5章 4～5个月的宝宝

目录

第6章 5～6个月的宝宝

第7章 6～7个月的宝宝

目录

第10章 9 ~ 10个月的宝宝

第11章 10 ~ 11个月的宝宝

第12章 11 ~ 12 个月的宝宝

第13章 12 ~ 14 个月的宝宝

目录

第14章 14 ～ 16 个月的宝宝

第15章 16 ～ 18 个月的宝宝

第16章 18 ~ 20 个月的宝宝

第17章 20 ~ 22 个月的宝宝

第18章 22 ~ 24 个月的宝宝

目录

第21章 30～33个月的宝宝

第22章 33～36个月的宝宝

第1章

0～1个月新生儿

成长发育

生理发育

* 女宝宝

项目	年龄组	下限值	中间值	上限值
身高	0 ~ 1 月	51.7 厘米	53.7 厘米	55.6 厘米
体重	0 ~ 1 月	3.6 千克	4.0 千克	5.1 千克
头围	0 ~ 1 月	约为 37.1 厘米	—	—

* 男宝宝

项目	年龄组	下限值	中间值	上限值
身高	0 ~ 1 月	52.8 厘米	54.7 厘米	56.7 厘米
体重	0 ~ 1 月	3.9 千克	4.3 千克	5.6 千克
头围	0 ~ 1 月	约为 37.9 厘米	—	—

* 呼吸

新生宝宝从出生的第一声啼哭开始，即开始建立了自主呼吸，但呼吸较浅且不规则，呼吸频率较快，一般 40 ~ 60 次 / 分，早产儿可达 60 次 / 分，出生后 2 天降至 20 ~ 40 次 / 分。如果刚出生的宝宝每分钟呼吸次数超过了 80 次，或者少于 20 次，应该引起重视，及时就医。

另外，新生宝宝以腹式呼吸为主，易出现呼吸节律不齐及深浅交替，这是由于新生宝宝呼吸

中枢发育不够完善所致。

观察新生宝宝的呼吸变化，要在新生宝宝安静的情况下，观察宝宝胸部、腹部起伏情况，每一次起伏即是一次呼吸。注意观察胸廓两侧的呼吸运动是否对称，呼吸是否急促、费力，有无呼吸暂停，口周皮肤的颜色有无青紫。

* 体温

新生宝宝的正常体温在 36℃ ~ 37℃之间，但新生宝宝的体温中枢功能尚不完善，体温不易稳定，受外界温度环境的影响较大。

另外，新生宝宝的皮下脂肪较薄，体表面积相对较大，容易散热，因此照顾新生宝宝时要注意保暖，以防感冒。尤其在冬季，室内温度保持在 18℃ ~ 22℃为宜。

感觉发育

* 视觉

新生宝宝一出生就有视觉能力，34 周早产儿与足月儿有相同的视力。宝宝出生后，父母应多与宝宝对视，因为眼睛看东西的过程能刺激宝宝大脑发育。而且与宝宝对视，还能向宝宝表达你们对他的爱。

* 听觉

新生宝宝的听觉是很敏感的。如果妈妈用一个小塑料盒装一些黄豆，在宝宝睡醒状态下，在距宝宝耳边约 10 厘米处轻轻地摇动，宝宝的头会转向小盒的方向，有的宝宝还能用眼睛寻找声源，直到看见盒子为止。如果妈妈在宝宝耳边轻轻地说话，宝宝也会转向说话的一侧。

宝宝喜欢听妈妈的声音，因为妈妈的声音会让宝宝感到亲切，不喜欢听过响的声音和噪声。所以妈妈要经常温柔地和宝宝说话，尽量避免在宝宝附近制造噪声，如果宝宝听到令他不舒服的声音，他会将头转到相反的方向，甚至用哭声来抗议这种干扰。

* 触觉

新生宝宝从生命的一开始就已有触觉，触觉是宝宝安慰

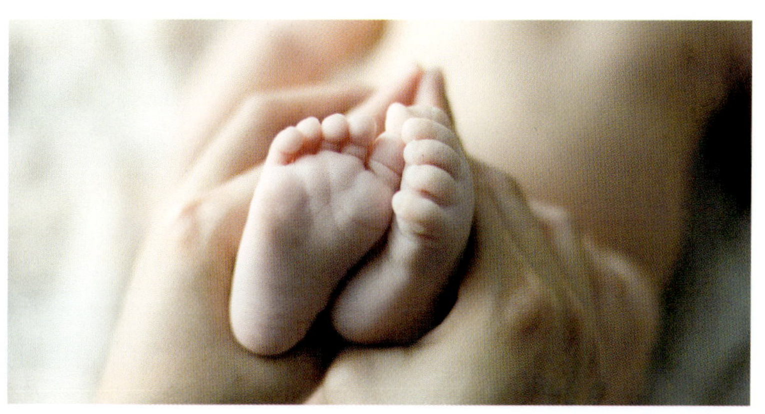

自己、认识世界以及和外界交流的主要方式。

刚出生的宝宝对不同的温度、湿度、物体的质地和疼痛都有触觉感受能力。也就是说，他们有冷热和疼痛的感觉，喜欢接触质地柔软、温度和体温相近的物体，如妈妈的身体。当妈妈抱起宝宝时，他们喜欢紧贴着妈妈的身体，依偎着妈妈。另外，嘴唇和手是宝宝触觉最灵敏的部位。妈妈可以多握握宝宝的手，亲亲宝宝的小脸蛋。

* 味觉

新生宝宝有良好的味觉，从出生后就能精细地辨别食物的滋味。给出生后只有一天的新生宝宝喝不同浓度的糖水，发现他们对比较甜的糖水吸吮力强，吸吮快，也喝得较多；而对比较淡的糖水喝得少，对咸的、酸的或苦的液体有不愉快的表情，如给宝宝喝酸橘子水时，他会皱起眉头。

* 嗅觉

新生宝宝能认识和区别不同的气味。当他开始闻到一种气味时，有心率加快、活动量改变的反应，并能转过头朝向气味发出的方向，这是新生宝宝对这种气味有兴趣的表现。这也是要求妈妈在哺乳时不要化浓妆的原因。宝宝对妈妈身上的化妆品味道比较敏感，这种强烈的味道会刺激宝宝的嗅觉，让他产生排斥心理。

心理发育

妈妈可以发现，新生宝宝最喜欢看妈妈的脸。有关资料表明，被妈妈多加关注的宝宝安静、易笑。

在宝宝出生后30分钟内，家人最好把宝宝放置在妈妈胸前。不管新妈妈此刻是否精疲力竭，都应努力抱持宝宝，让宝宝伏在妈妈胸口睡上一小觉。分娩后的搂抱对母子关系的建立和日后安抚宝宝都有事半功倍的效果，宝宝的表情也会因此显得安恬和放松。如果宝宝出生后12小时还没有躺进妈妈的怀抱，会使宝宝情绪上惶惑不安。

此外，每次当小宝宝醒来时，妈妈可在宝宝的耳边轻轻地呼唤宝宝的名字，并温柔地与其说话，如“宝宝饿了吗？妈妈给宝宝喂奶”“宝宝尿尿了，妈妈给宝宝换尿布”等。宝宝听到妈妈柔和的声音，会把头转向妈妈，脸上露出舒畅和安慰的神态，这就是宝宝对妈妈声音的回报。经常听到妈妈亲切的声音会使宝宝感到安全、宁静，也能为日后良好的心境打下基础。

皮肤是最大的体表感觉器官，是大脑的外感受器。温柔的抚摩会使关爱的暖流通过爸爸妈妈的手默默地传递到宝宝的身体、大脑和心里。这种抚摩能滋养宝宝的皮肤，并可在宝宝大脑中产生安全、甜蜜的信息刺激，对宝宝智力及健康的心理发育起到催化作用。在平时，妈妈可以发现，常被妈妈抚摩及拥抱的宝宝，性格温和、安静、听话。

用丰富的语调和宝宝说话

妈妈要从宝宝出生起就常和宝宝说话，说话的声音要柔和亲切，语调要富于变化。比如，宝宝哭时，妈妈要用温和亲切的语调哄他，如“哎呀，我们家宝宝怎么了？来来，不哭啊，妈妈抱抱”等，并观察宝宝的反应；在喂奶时，妈妈可以轻轻地呼唤宝宝的乳名，如“小龙，是不是饿了？妈妈给小龙喂奶来了”等。这样经常跟宝宝说话，能够给宝宝一种温暖和安全的感觉。

经常逗宝宝笑

刚出生的宝宝可能不太会笑，但爸爸妈妈仍要试着逗宝宝笑，只有多逗逗宝宝，宝宝才会模仿大人的表情，学会微笑。宝宝被大人逗乐与睡觉时脸部肌肉收缩的笑不同。大人逗乐是一种外界刺激，宝宝会以笑来回答，这也是宝宝学习的第一个条件反射。妈妈可以通过做出多种面部表情，如张嘴、伸舌、龇牙、鼓腮、微笑等，同时配合语言来逗引宝宝发笑。

手部动作训练

把宝宝平放在床上，让他随意握拳、挥拳。妈妈不要总是把宝宝的小手藏在衣服里，而应该让他经常看自己的手，玩手，充分地去抓、握、拍、打、敲、挖……宝宝手掌的皮肤有丰富的触觉神经末梢感受器，手部动作可以使宝宝感受到丰富多彩的外部世界。

多抚摩宝宝

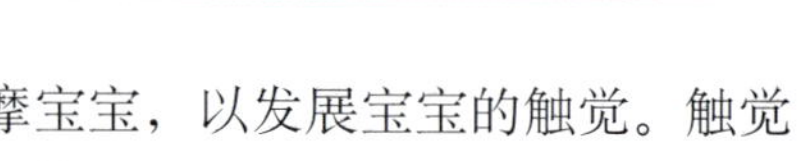

因为新生儿最早出现的感觉是皮肤感觉，所以妈妈要多抚摩宝宝，以发展宝宝的触觉。触觉的正常发展，对于新生宝宝大脑的发育和全身动作的发展十分有利。

妈妈可以每天在宝宝吃饱后清醒的情况下，做下面的动作：

1 让宝宝仰卧，双臂放在体侧。

2 妈妈用手指轻轻抚摩新生宝宝的脸，抚摩的动作要缓慢，要非常轻，一边抚摩一边唱儿歌。

3 妈妈用手指轻轻抚摩新生宝宝的脖子，抚摩的动作要缓慢，要非常轻，一边抚摩一边唱儿歌。

4 妈妈尽量抚摩到宝宝的全身肌肤，如手、脚、背、小肚子等。

蹬脚训练

将宝宝仰卧于床上，妈妈将几件发声软塑料玩具放于墙边，并用一块有一点硬度的板档立在软塑料玩具前面，使宝宝在无意识的蹬踏中，逐渐引发有意识的用力踏蹬，从而训练宝宝双腿的灵活性及交替蹬踢能力。需要注意的是，硬板比较凉，妈妈不要让宝宝光脚蹬踏硬板。这个训练可以锻炼宝宝的腿部力量，为宝宝今后的学习爬行作准备。

视力分辨与记忆

在宝宝卧位的上方，挂一些红色、绿色或能发出响声的玩具。妈妈触动这些玩具，能引起宝宝的兴趣，使他的视力集中到这些玩具上。每次几分钟，每日数次。妈妈可以边说话边逗宝宝笑，以缓解宝宝的疲劳，使这种视力分辨与记忆训练成为快乐的活动。这个训练还可以锻炼宝宝对事物的专注能力。

妈妈，抱紧点——触觉刺激

＊ 游戏目的

1 触觉刺激：当宝宝被抱着时，可以给予皮肤一紧一松的压力，能大面积地刺激皮肤，从而促进触觉能力的发展。

2 培养良好的情绪：对刚出生的宝宝来说，感觉最舒适的就是被人抱着，宝宝可以通过被抱感受到爸爸和妈妈的温暖，心灵也会宁静下来。

＊ 游戏方法

1 将宝宝抱在怀里。

2 适当地给宝宝一点压迫感，两三秒之后再放松。这样一紧一松地重复数次。

TIPS

抱紧宝宝的时候要注意观察他的表情，以宝宝不难受为准。在抱的时候不要太用力，要让宝宝看到你的脸。

太空漫步——早期体能训练

* 游戏目的

早期体能训练：宝宝出生后即有“步行反射”这一先天的自然反射活动，但到宝宝56天左右便会自然消失。所以，妈妈利用宝宝这一能力每天加以训练，可使宝宝的下肢肌肉得到锻炼，从而促进发育成熟。

* 游戏方法

1 妈妈的大手扶在宝宝的腋下，用两个大拇指控制好宝宝的头部，让宝宝的足底与稍硬的平面接触，宝宝自然而然地会做协调、交替的迈步动作。

2 从宝宝出生第8天开始到步行反射消失前这段时间，每天做3～4次，每次走8～10步是最好的。

这个游戏对妈妈来说可是个消耗体力的活动，爸爸不妨多辛苦一下。另外，千万不要错过这段时期，对宝宝来说这段时期是很重要的。

不抱不摇自然入睡法

良好的睡眠质量可提供生长发育最佳助力，家长应该在宝宝出生后协助其建立规律的睡眠模式。不过并非每个宝宝都是安睡天使，有些宝宝精力旺盛，经常临睡前还因为贪玩毫无睡意，有些敏感宝宝则是浅眠易醒，甚至容易惊醒哭闹，使得爸爸妈妈一整晚无法安心入眠。

宝宝出生 3 个月后可循序建立自然入睡的习惯，养成方式不可过于激进，且应优先响应宝宝的生理需求，并给予充足的安全感。宝宝两三个月大后，夜里尽量减少换尿布的次数，宝宝如有响动可先不理睬，除非他大哭不然不要喂奶。喂奶时不要开大灯，不跟他说话或玩，亦可逐渐减少喂奶量，让他体会白天和晚上的不同，而逐渐放弃夜间吃奶的习惯，一觉睡到天亮。

* 哄睡 3 大禁忌

宝宝夜间的睡眠分成七八个周期，浅睡与深睡交替进行，浅睡时会有响动，可能吵醒同床的家长，此时除非宝宝大哭，应避免一些不必要的安抚动作，如喂奶、拍背等，给宝宝机会学习自行入睡比较适当。

禁忌 1：摇睡

当宝宝哭闹或睡不安稳时，有些家长习惯将宝宝抱在怀中或放在摇篮内摇晃直到入睡，虽然这样的动作可以提供安抚作用，却可能对尚未发育成熟的脑部造成损伤。

摇晃的动作会使宝宝脆弱的大脑不停地撞击较硬的颅骨，一旦造成脑部组织表面微血管破裂，轻则发生癫痫、脑震荡，重则引发智力低下、颅内出血、脑水肿，应尽量避免采取摇睡方式哄宝宝入睡。

禁忌 2：搂睡

有些家长喜欢一整晚搂着宝宝睡觉，当宝宝被紧紧地拥抱时，往往反复吸入狭小空间内的污浊气体，脑部缺乏新鲜空气将影响生长发育，也可能增加窒息意外发生的概率。

搂睡会造成宝宝肢体受到限制，影响正常血液循环，且容易因为家长的小动作影响睡眠质量。习惯被搂睡的宝宝可能会变得更加敏感，一旦家长离开便会立即惊醒，反而更容易缺乏安全感。

禁忌 3：奶睡

喝奶其实是一项耗费体力的活动，宝宝经常会在吸奶时进入睡眠状态，如果奶瓶或乳头一直放在宝宝口腔内，可能造成宝宝在睡眠过程中反复发生吸奶行为，将影响肠胃消化功能，并且可能引发蛀牙以及齿列生长异常，家长应在宝宝入睡后立即将奶瓶或乳头抽出，切勿养成宝宝依赖奶睡的习惯。

* 轻松哄睡 4 大绝招

帮助宝宝自然入睡且一觉安眠至天亮，首先要了解宝宝的天生气质以及睡眠特性，并逐步建立一套符合宝宝生理时钟与家庭作息的睡眠模式，方可培养宝宝在舒适、安心的状态下自然入睡。

绝招 1：观察睡意暗示行为

当宝宝产生睡意时会发出

暗示信息，如揉眼睛、打哈欠。专家建议家长可连续观察 1 ~ 2 周后，了解宝宝的生理作息，再来确定适宜的睡眠时间，在宝宝容易感到睡意的时间培养宝宝自行入睡的习惯，将可以更快地获得成效，也可免除家长的挫折感。

如果宝宝的生理时钟无法与家庭作息配合，专家建议家长可分别列出宝宝与家庭作息周期表，了解其中差异，慢慢地将时间差调整至双方皆可接受的范围。

绝招 2：营造舒适睡眠情境

★光线

家长可利用明亮与昏暗的光线帮助宝宝辨别醒着与入睡

的环境差异，白天可拉上窗帘减少光照度，夜晚则关掉室内灯光，仅保留一盏小夜灯供夜间探视使用，若宝宝半夜醒来也不易感到惊恐。

★温度

室温保持25℃上下是最舒适的，家长不要给宝宝穿着过多衣物，以免因流汗造成不适影响睡眠。

★杂音

睡前1小时尽量保持居家宁静的气氛，若家长未一同入睡，应尽量减少杂音扰乱宝宝睡眠。但也不需要在宝宝睡眠时刻意保持绝对安静的环境，以免造成宝宝对杂音更加敏感。

★寝具

轻柔的寝具可提供舒适的触觉感受，对于帮助宝宝入睡具有正面效果，但须注意床的四周不可放置容易造成窒息的厚重棉被或绳索，以免在家长离开时发生意外。

绝招3：建立规律就寝模式

宝宝睡前1个小时可以开始进行一连串的仪式，例如，洗澡、喝奶、刷牙、换穿睡衣、说床边故事、听音乐、道晚安等，通过规律的睡前仪式，等于是对宝宝下达“做完这些事就要睡觉”的指令，协助宝宝自然而然地养成入睡认知。

绝招4：给予适当安抚替代

不抱不摇，不代表完全不给予安抚，毕竟这个阶段的宝宝还是很需要父母的关爱的，亲密的亲子关系对于宝宝的心理发展亦有正面帮助。不过安抚的方式仍应朝向帮助宝宝逐渐习惯自行入睡的方向进行。

★温柔抚触

在宝宝入睡前或睡眠中醒来时，家长可利用缓慢且轻柔的方式轻拍或是按摩宝宝的身体，帮助宝宝稳定情绪，快速入睡。

★轻柔音乐

宝宝的听觉反应特别灵敏，家长在睡前可播放轻柔的音乐，如水晶音乐、海潮声，制造愉快的睡眠氛围。

★和缓语调

大多数宝宝都很喜欢聆听妈妈的声音，妈妈睡前不妨为宝宝吟唱摇篮曲或是在耳边轻语，让宝宝在充满安全感的情境中进入睡眠。

★安抚小物

家长在培养宝宝自行入睡习惯的阶段，可以挑选数样柔软的玩偶或是小被子当做宝宝的安抚替代物，若宝宝在夜间醒来，较容易自行安抚入睡。不过安抚小物不应只有唯一选择，如过度依赖某件安抚替代物，将来可能再次面临戒除依赖安抚物的问题。

专家建议有奶睡习惯的宝宝可以适当地使用安抚奶嘴，但家长仍须在宝宝入睡后立即拔除，以免宝宝对奶嘴产生过度依赖。

＊渐进缩短贴身陪伴

无论新生儿还是已习惯被抱哄的宝宝，都适合采用渐进式缩短陪伴来帮助宝宝学习自行入睡的能力。一开始家长可以采取躺着搂抱的方式，辅以言语及肢体安抚，等宝宝逐渐习惯之后再慢慢地缩短陪伴时间以及肢体碰触，例如从一开始紧抱入睡，慢慢地拉开身体的距离，以分床或分房为最终目标。

＊不要让恐惧感陪伴宝宝入睡

虽然让宝宝自行入睡好处多多，但仍不适合使用过度激进的方式，家长不要过度焦急，以免宝宝受到紧张气氛干扰反而更不易入睡。在宝宝学习自行入睡的过程中，家长应坚守不责骂、不施压的态度，避免在宝宝心中留下不愉快的阴影。

另外，有些家长喜欢利用恫吓方式强迫宝宝尽快入睡，“虎姑婆爱吃不睡觉的小孩”“再不睡就叫大野狼把你抓走”等，家长不要采取这类做法，睡前故事也应挑选较温馨的内容，以免过度强烈的刺激会影响宝宝的神经系统，对宝宝产生心理压力，造成宝宝不敢入睡或是睡不安稳。

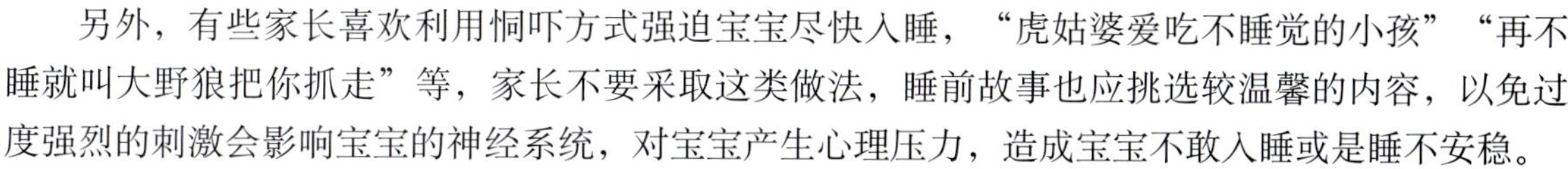

温柔地跟宝宝说话

妈妈和宝宝说话时，宝宝会把注意力都集中在妈妈身上，他会用眼跟踪妈妈一会儿。这时，妈妈要和他交流感情，不时地抱紧他，并注视他的双眼；或者在他的小床上弯下身子，温柔地跟他说话；抑或是一边给他唱歌一边抚摩着他，轻拍他的后背同时摇晃他。这些活动有助于家人与宝宝之间建立起感情。家人可以给宝宝发出不一样的声音和语调。妈妈做家务时还可给宝宝哼哼歌，或放一些节奏较慢的音乐给他听。

经常温柔地跟宝宝说话，不但能增强亲子之间的感情交流，而且这种早期语言训练，还对将来宝宝学说话很有作用。另外，家人平时要多和宝宝说话，不用在乎他是否听得懂，重要的是能安慰哭闹的宝宝，宝宝用哭来告诉妈妈他的需求。

一般来说，宝宝不会无缘无故哭闹，如果宝宝突然哭起来，可能是饿了、尿了、累了等，因为这是他表示需求的唯一方式。这时如果妈妈不理睬，会使宝宝失去接受大脑刺激的机会。所以，做妈妈的一定要回应宝宝的啼哭声，多给予宝宝安慰，这样做对宝宝大脑的发育是有好处的。

如何辨别宝宝的哭泣语言

哭是婴儿表达情绪和需求的唯一方法，新生儿每天大约要哭 3 小时，妈妈一开始可能觉得每种哭声都一样。但只要细心地观察，就会发现宝宝的哭声其实很不一样，每种哭声都表达着不同的情绪与需求，作为新妈妈，需要花心思来了解宝宝哭声的含义。

* 妈妈，我饿了

饥饿时的哭是最容易判断的一种哭声。当宝宝饿了时，他会以洪亮的哭声来表达，哭的时候头还会来回活动，嘴不停地寻找，并做着吸吮的动作。这时只要喂奶，宝宝会马上停止哭闹，吃饱后会安静入睡或满足地四处张望。

* 便便了，好不舒服啊

如果宝宝正睡得好好的，突然间大哭起来，而且好像很委屈，那就要赶快打开包被看看，很有可能是宝宝大便或者小便了，宝宝忽然间感到不舒服，所以大哭。这时候要赶紧换块干净的尿布或纸尿裤，宝宝马上就能安静下来。

* 爸爸妈妈，抱抱

如果宝宝已经吃饱了，拍了嗝，也换了尿布，不冷不热，他仍然在哭，可能只是想让爸爸妈妈抱抱。当宝宝需要更多的关注时不妨抱抱他，或者紧挨着他的身体，他就不会再哭了。

* 我不舒服

有时候宝宝哭得很紧张，要是不理他，他的哭声会越来越大，不是尿尿了，也没有饿，可能是宝宝做梦了，或者对一种睡姿感到厌烦了，想换换姿势可又无能为力，只好哭了。这时要抚摩着宝宝给他安慰，或者给宝宝换个体位，他又会接着睡了。

* 我就是想哭嘛

一些宝宝常常在每天的同一个时间“发作”，或者哭起来没有原因，这可能是宝宝就是想哭。这个时候要学会安抚宝宝，带宝宝出去散步、给他唱歌、帮助他打嗝儿等，都能有效地让他停止哭泣。如果宝宝哭的时间太长，可以让家人一起照料，能有个替换。

* 我生病啦

有的时候，宝宝不停地哭闹，怎么哄也停不下来，哭声尖而直，伴有发热、面色发青、呕吐，或是哭声微弱、精神委靡、不吃奶，这就表明宝宝生病了，要尽快请医生诊治。

* 我要睡觉了哦

宝宝累了就会要睡，这时不需要太多的安抚，他很快就能睡着，一般在入睡前他会打哈欠、揉眼睛。如果妈妈没有发现这些暗示还一再地哄他、逗他、抱他，那可就不妙了，下一秒宝宝就要哭了。他会因疲劳而哭，很不可思议吧？这种哭声一般很强烈，而且还带着颤抖和跳跃的腔调。这时要赶紧安静下来，将他放到床上，拍拍他，让他尽快入睡。

第2章

1～2个月的宝宝

生理发育

＊女宝宝

项目	年龄组	下限值	中间值	上限值
身高	1～2月	55.0 厘米	57.1 厘米	59.1 厘米
体重	1～2月	4.5 千克	4.7 千克	6.1 千克
头围	1～2月	约为 38.5 厘米	—	—

＊男宝宝

项目	年龄组	下限值	中间值	上限值
身高	1～2月	56.4 厘米	58.4 厘米	60.4 厘米
体重	1～2月	4.9 千克	5.2 千克	6.8 千克
头围	1～2月	约为 39.3 厘米	—	—

感觉发育

＊触觉发育

1 个多月的宝宝，皮肤感觉能力比成人敏感得多，有时妈妈不注意，把一绺头发或其他东西

弄到宝宝的身上刺激了宝宝的皮肤，他就会全身左右乱动或者哭闹，表示很不舒服。另外，这个月的宝宝对过冷、过热的环境都比较敏感，若宝宝感觉到冷或热，会以哭闹向大人表示自己的不满。

* 听觉发育

宝宝经过1个月的哺育，对妈妈说话的声音很熟悉了，如果听到陌生的声音他会吃惊；如果声音很大，他会因感到害怕而哭起来。因此，妈妈要经常给宝宝听一些轻柔的音乐和歌曲，对宝宝说话、唱歌的声音都要亲切温柔。宝宝玩具的声响不要超过70分贝，生活环境的噪声不要超过100分贝。

宝宝此时的听力有了很大发展，对大人跟他说话能作出反应，对突然的响声能表现出惊恐。到第8周时，有的宝宝已能辨别出声音的方向，能安静地听音乐，能对噪声表现不满。

* 视觉发育

宝宝能看见活动的物体和大人的脸，将物体靠近他的眼前，他会眨眼，这叫做“眨眼反射”。这种反射一般出现在一个半月到2个月。有些斜视的宝宝在第8周前可自行矫正，双眼能一致活动。

* 动作发育

宝宝在8周时，俯卧位下巴离开床的角度可达45°，

但不能持久。要到 3 个月时，下巴和肩部才能都离开床面抬起来，胸部也能部分地离开床面，上肢支撑部分体重。宝宝俯卧时，父母要注重看护，防止因呼吸不畅而引起窒息。宝宝双脚的力量在加大，只要不是睡觉吃奶，手和脚就会不停地动，虽然不灵活，但他动得很高兴。

从出生到 2 个月的宝宝，动作发育处于活跃阶段，宝宝可以做出许多不同的动作，特别精彩的是面部表情逐渐丰富。在睡眠中有时会做出哭相，撇着小嘴好像很委屈的样子；有时又会出现无意识的笑。其实这些面部动作都是宝宝吃饱后安详、愉快的表现。

* 其他感觉发育

2 个月大的宝宝其联想记忆能力开始发育，开始能认出以前见过的东西；面部表情开始变得丰富起来，开始露出动人的微笑；能与别人的眼神进行交流；高兴时会开心地“咯咯”笑，不高兴时会哭闹不止。

心理发育

母爱是宝宝的精神营养，让宝宝充分享受母爱，对宝宝的心理健康发展，以及对今后健康人格的形成起着重要作用。

宝宝喜欢看妈妈慈爱的笑容，喜欢躺在妈妈的怀抱中听妈妈的心跳声或说话声。所以，从育儿开始，就提倡母子皮肤直接接触，多接触、早喂奶、多吸吮、多抚摩、多交谈、多微笑……

通过以上与宝宝的交流，也正是触觉、动觉、听觉、视觉、平衡觉综合训练刺激的过程，对脑发育过程提供了信息和促其发育的营养素。

对于刚出生的宝宝来说，除了吃奶的需要，再也没有比母爱更珍贵、更重要的精神营养了。母爱是无与伦比的营养素，这不仅是因为宝宝从宫内来到这个大千世界感觉到了许多东西，更重要的是宝宝在心理上已经懂得母爱，并能用宝宝化语言（哭声）与微笑来传递他的内心世界。宝宝最喜欢的是妈妈温柔的声音和笑脸，当妈妈轻轻地呼唤宝宝的名字时，他就会转过脸来看妈妈，好像一见如故。这是因为宝宝在宫内时就听惯了妈妈的声音，尤其是把他抱在怀中，抚摩着他并轻声呼唤着逗引他时，他就会很理解似的对妈妈微笑。宝宝越早学会“逗笑”就越聪明。这一动作，是宝宝的视觉、听觉、触觉与运动系统建立神经网络联系的综合过程，也是条件反射建立的标志。

抓一抓

1 妈妈可将玩具塞到宝宝的两只小手里，并握住宝宝的小手指导宝宝抓握手中的玩具。

2 待宝宝会抓后，妈妈再把玩具从宝宝的手心移到边缘，看他能否主动地抓握。

3 妈妈可将质地不同的旧手套洗净，塞入泡沫塑料，用松紧带吊在宝宝床上方其小手能够得着处，妈妈帮助宝宝握到吊起的手套。经常练习，宝宝就会主动去抓握吊起的玩具。

这些练习可以促进宝宝手部知觉的发育。

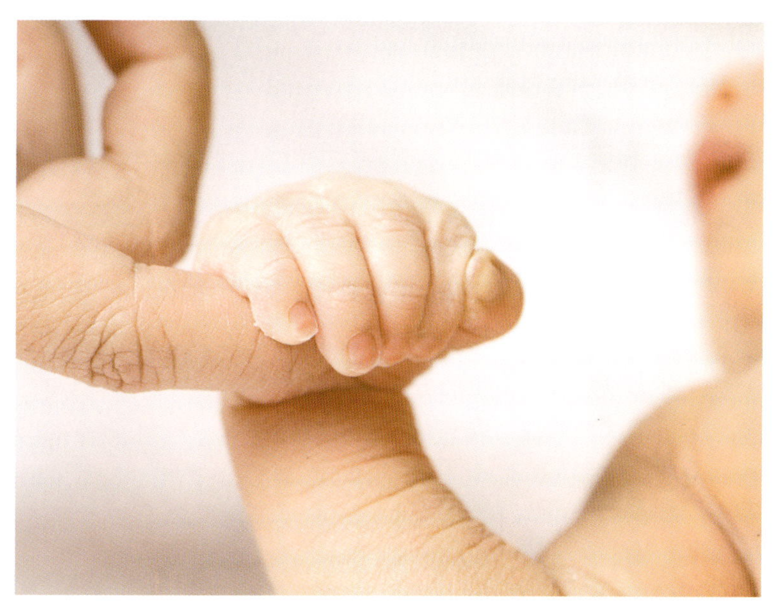

按摩，捏捏揉揉

1 准备宝宝按摩油或乳液，一块铺在宝宝身下的柔软毛巾，一张轻柔的音乐碟。

2 做按摩，最好在晚上宝宝洗澡后，又安静又放松的时刻。此外，应该在两次喂奶之间。

3 把宝宝放在小床上，也可让他躺在你的大腿上，然后用轻柔的声音对宝宝说话，令他放松下来。

4 先由脚部开始，一只手握住宝宝一边小脚，另一只手则由他的脚踝开始往上轻柔按摩。

5 双手移到大腿时轻轻搓着，再由大腿顺着轻抚到足踝。

6以掌心及手指向下滑行的方法，由胸部开始向肚子位置转动，然后再以顺时针方向用双手在肚子上打转按摩。

按摩是妈妈向宝宝表达爱意的最好方式，也是在宝宝不安的时候让宝宝安静下来的有效方法。同时，还能促进宝宝的触觉感受。

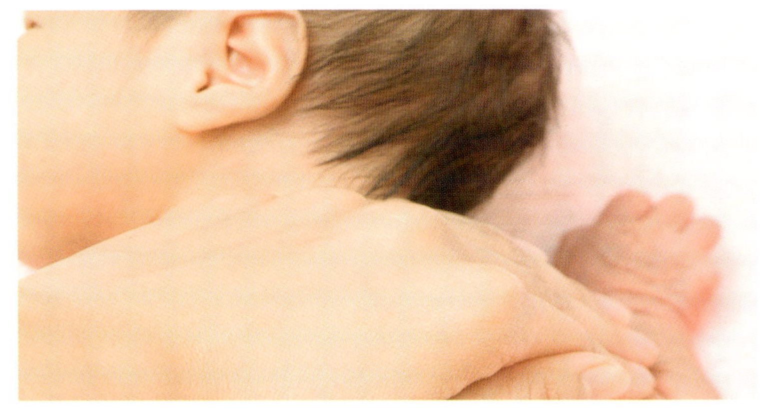

给宝宝做婴儿被动操

婴儿被动操不仅可以促进婴儿体格的生长发育，有助于大脑、神经系统、肌肉等的发育，还可以帮助和促进婴儿动作的发展。

* 第一节，扩胸运动

1 轻轻地握着宝宝的两只小手，顺势拉起双臂，在胸前交叉。

2 慢慢地拉起宝宝的双臂，向左右两边伸展。

3 动作反复若干次，还原预备姿势。

* 第二节，伸展运动

1 将双手拇指放在宝宝掌心，其他四指轻握宝宝的手腕。轻轻地将两臂向两侧拉平，掌心向上。

2 把宝宝的双臂慢慢地拉起，前伸，掌心相对。

3 再顺势上举，贴近宝宝的耳朵，掌心向上。

4 还原预备姿势。

* 第三节，翻身运动

1 轻轻地把宝宝从仰卧转为俯卧姿势，从上到下抚触一遍，用指头有节奏地在小屁屁上“弹跳”。

2 将宝宝的胳膊掂在胸前，让小脑袋撑一会儿。

3 再将宝宝由俯卧姿势还原到仰卧姿势。

* 第四节，放松运动

1 用手指轻轻地从头部到脚板，为宝宝进行抚触。

2 抱着宝宝，拍拍后背，结束。有条件时可放轻松、活泼的儿童音乐配合。

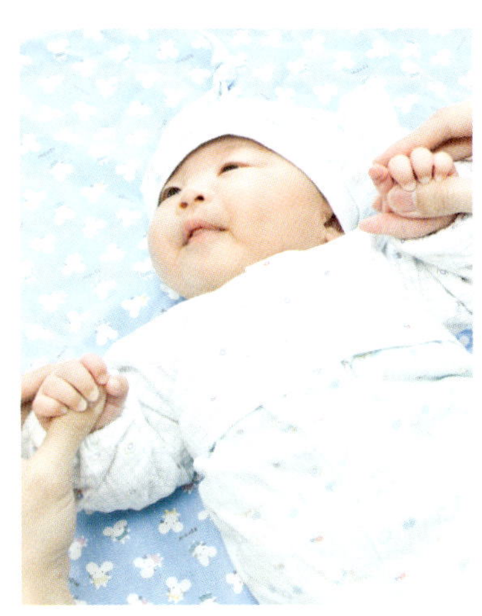

视觉体操——刺激视觉发展

2 开发个性品质：宝宝是天生的观察者和实验家，和婴儿床偶尔的碰触产生的变化，能鼓励宝宝的探索精神。

＊游戏方法

1 在绳子上挂上一些大塑料夹子或晾衣服夹子。

2 在绳子上夹一些图片、小球、铃铛、小毛绒玩具等，把绳子牢靠地系在婴儿床上方。

3 缓缓地移动并讲解每个小东西，当宝宝注视这些亮丽玩具的时候观察宝宝的反应。宝宝注意力减退、烦躁，或者把头扭到一边，说明宝宝累了，这时妈妈应马上停止游戏，另选择时间再玩这个游戏。

＊游戏目的

1 发展视觉：1 ~ 2 个月的宝宝视觉发展还不是非常完善，选择各种物品放在确保宝宝看得见的地方，这样能够刺激宝宝的视觉发展。

TIPS

妈妈一定不要让绳子掉在床上，绳子挂在那里的时候，妈妈也不要离开。绳子上的小物件隔一段时间就要调整变换一下，让宝宝总是保持一种探究欲望。

趴着玩——增强颈部力量

* 游戏目的

1 发展体能：让宝宝趴着玩，有助于增强宝宝颈部、背部的肌肉力量，身体与床面的接触能增强触觉刺激，使宝宝慢慢地体验平衡身体的要领，为将来的“坐”和“爬”作准备。

2 增强专注力：宝宝趴着时，身体的本能反应即想控制好头部以便能看到更多的事物，这对将来阅读和学习的专注力的培养有非常大的帮助。

* 游戏方法

1 这个月的宝宝俯趴时，颈部和背部肌肉的力量还不足以把头“牵拉”起来，所以妈妈要先训练宝宝学会平贴转脸。当宝宝的脸向右时，妈妈想办法诱导他稍稍地抬起头转向左，如此交互着做。

2 两三个月大时，宝宝能够抬头 45°～90°了，这时妈妈可以从宝宝背后拉着宝宝的两只手臂做抬起、放下的动作。

3 当宝宝能用手肘撑着身体抬起胸部时，妈妈就可以拿一些有趣的小玩具在他的前方诱导他，让他经常有机会撑起上身，坚持的时间越长越好。

TIPS

很多宝宝练习趴的时候都不太情愿，妈妈可以趴在宝宝面前，拿着小玩具，发出有趣的声音或跟宝宝说话。但若宝宝能力尚未达到，妈妈不可勉强。

抚摩传达对宝宝的爱意

* 平时多搂抱、亲吻宝宝

触觉，是人与生俱来的感觉之一，婴儿一出生就有，以口唇最为敏感，遇到东西接触，就会做出吸吮动作。宝宝的小手、脚掌和脸颊部位皮肤都较敏感。

对于宝宝，应当通过搂抱、亲吻等抚爱动作，一方面表达自己的爱，另一方面刺激宝宝感受器官，让宝宝通过接触感受到母爱，表现出喜悦，为宝宝良好的性格发育、健康的人际交往奠定基础。

* 有意抚摩宝宝

妈妈每天要给宝宝抚摩四肢和躯干。方法是：让宝宝仰卧床上，从双肩起，自上向下抚摩胳膊和手，不规则抚摩躯干，然后是双腿到脚，反复多次。结束前，可以轻轻地给宝宝抻一抻胳膊和腿脚。要一边抚摩一边和宝宝说话，时间长了，宝宝会习惯并喜欢上这种活动，只要一平放仰卧，就会表现出愉快的情绪，静静地等待抚摩。

这种令宝宝愉快的抚摩，能多次传递爱意，形成良性刺激，满足宝宝早期情感需要，更有利于宝宝体力和智力的发育。

宝宝物品再利用

家里多了一个宝宝，杂物也就跟着累积起来了，你家总是堆满宝宝的用品吗？从宝宝一出生，爸爸妈妈就添购了许多婴儿用品，但是许多物品是有年龄阶段性的。这些宝宝物品难道就没有利用价值了吗？爸爸妈妈如何将宝宝物品再利用呢？让我们一起施展超级变变变的小魔法吧！

* 玩具再利用

随着年纪的增长，某些玩具或玩偶已经不能吸引宝宝的注意力，也无法满足宝宝的好奇心了。这些完好如初的玩具，

除了转送给亲朋好友之外，还有什么其他的功用呢？爸爸妈妈只要施展些小魔法就可以赋予它们一个新生命喔！

* 乐高变身桌历

市面上也有卖乐高桌历，但一个动辄就要500元，其实利用家中现有的乐高积木，也可以自己动手DIY做出相似的商品哦！只要将积木堆积，并用奇异笔写上或使用小贴纸作为日期及星期，最后再加上可爱的乐高玩偶作装饰，完全不需要再花钱，又有成就感哦！

完成的乐高桌历，每个月依日期重新排列组合，或再组合装饰，可以让宝宝也发挥创意动手做，又是一个新的小桌历啰！除了可爱桌历，利用积木随意堆积组合的特性，让乐高不只是玩具，还可以做出许多具有创意且实用的收纳小工具，如笔筒、名片夹等。

* 小玩偶变身发饰

家里有小女生的妈妈总是喜欢买可爱发圈或发夹来装饰宝宝的头部，但是市售造型发饰一个四五十元，有些甚至高

达上百元。其实，只要将小型的绒毛娃娃用针线缝在一般黑发圈上，就成了漂亮的造型发圈啰！除了直接缝在发圈上，可爱的小玩具或亮片也可以黏在发夹上，就成了人人称羡的自制发饰。

＊绒毛娃娃变身拖鞋装饰

宝宝的故事书或玩具组，常会附赠小型的绒毛娃娃，这些小娃娃除了可以当做玩具之外，还可以作为家用拖鞋的装饰品。妈妈只要利用别针将小娃娃固定在室内拖鞋上，轻轻松松让原本单调的鞋子变成超“卡哇伊”的卡通鞋，简单又不用再花钱。专家表示，小玩偶除了作为装饰外，还可将玩偶固定在左右其中一脚，宝宝就可以很轻易地分辨左右脚，就不会再穿错鞋，真是一个很聪明的方法哦！

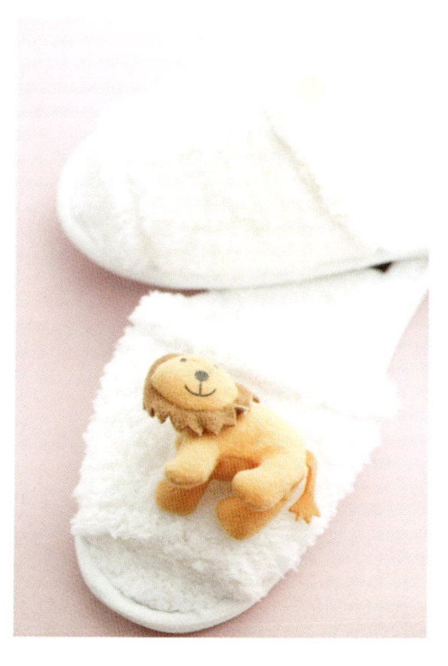

＊童书再利用

书籍是知识的来源，宝宝小时候的童话书，现在已经不再阅读了，将这些书籍丢弃，实在是太可惜了！可是放在书架上，又很占空间，通过爸爸妈妈的巧手，可以让童书再次给予宝宝可贵的知识与动脑的机会喔！

＊童书变身学字卡

宝宝在学习识字时，爸爸妈妈会购买各式各样的学字卡，如国字、数字、英文等，当宝宝学会之后，可能就会丢弃在一旁，其实这些卡片也可以自己动手做。可以利用童书上总是有许多颜色鲜艳、造型可爱的图案来吸引宝宝注意。专家建议，将童书的图案剪下，贴在厚纸板上，背面可以依需要写上中英文名称，就可以让宝宝练习了！除了童书之外，报纸、杂志也都是字卡的图案来源；字卡的数量较多或懒得用手写，也可以选择用打印机打印。

＊童书变身创意拼图

玩拼图可以训练宝宝的耐心与专注力，不过宝宝可能玩几次就腻了。其实只要把童书、月历或海报的图案剪下来，贴

在厚纸板上，随意分割成数片，就是自制拼图了！当宝宝玩了一阵子之后，可能觉得太简单了，爸爸妈妈就可以将拼图再割成更小片，增加困难度，更有挑战性！

＊衣物饰品再利用

发育中的宝宝长得特别快，一下子就长高了，今年才刚购买的衣服过一段时间可能就穿不上了，这些不能穿的衣服，难道只能丢弃吗？宝宝衣物还有其他再利用的方法吗？小女生总是有许多装饰头发的小饰品，爸爸妈妈可以利用这些小发饰变身成生活的小帮手吗？

＊衣物配件变身美劳材料

宝宝不能穿的衣物除了可以转送亲朋好友之外，另外可能有一些无法去除的脏污甚至已经破损等状态不太好的衣服，只能丢弃，但是在丢弃之前，童装上的小配件通常颜色及造型都比较鲜艳可爱，爸爸妈妈可以先将衣服上精致的蕾丝边、小巧的蝴蝶结或造型可爱的小扣子等饰品通通剪下，收纳在小罐子里来存放。等到宝宝长大，上了幼儿园、小学，美劳课总是需要许多小玩意儿当做材料，这时候宝宝衣服上的装饰品就派上用场了！

此外，当宝宝上幼儿班，还不太认识自己的名字，爸爸妈妈可以把衣物的蕾丝边或小钮扣缝在提袋上，或是接缝在小毛巾的尾端，不仅作为装饰，增加可爱度，而且有了这个独一无二的记号，当宝宝要找寻自己的提袋或小毛巾时，也就不会和其他宝宝的物品弄混，十分方便又可爱。

＊衣物变身厨房纸巾

宝宝衣物多为易吸汗的棉料材质，因此当宝宝不能再穿时，可以利用其容易吸收液体的特性，作为厨房纸巾的代用品。将宝宝衣物裁剪成 10×10 厘米大小的正方形堆积成一堆，放置于厨房，当作厨房纸巾。当爸爸妈妈烹调料理时，色拉油或酱油不小心打翻了，就可以随手拿起自制厨房纸巾擦拭，既环保又省事！

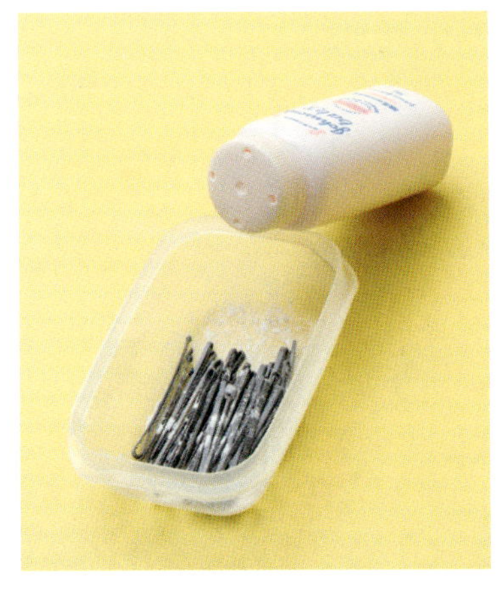

* 生活用品再利用

宝宝的生活用品有些是随着年龄渐长，便不需要再使用了。爸爸妈妈该如何处理这些物品呢？请专家告诉我们宝宝的生活用品还能发挥什么功用吧！

吊带超级变身

宝宝长得很快，不仅是衣服和裤子今年刚买，明年就太小了，就连吊带也是一样，因为变得太短，而不合用了。不能用的吊带，其实还有很多用途，千万不要马上丢弃啰！利用吊带的松紧带与夹子，可以变身成适合爸爸妈妈与宝宝的实用小道具。

防踢被夹

爸爸妈妈是否烦恼宝宝睡觉时，总是踢掉被子而着凉感冒呢？别担心！利用宝宝吊带的Y字形特性就可以将吊带当成防踢被夹。将吊带单头那边夹在床单上，开叉双头那边则夹在宝宝的被子上；被子的另一边也是相同方式，两边都夹好，就不用担心宝宝踢被子了！

发圈变身袖夹

爸爸妈妈做家务时，即使

将袖子卷起来，仍不时滑落，造成不便。可以拿宝宝的发圈当做袖夹，另外还有一种简单自制袖夹的方法。首先将宝宝吊带上的夹子取下来，并将松紧带剪成约10厘米的长度，再将刚才取下的夹子夹回松紧带即可，也可以拿来当做窗帘拉开时的固定夹。松紧带长度可根据个人需求而自行增减了！

便当带

爸爸妈妈将吊带的两端做成袖夹之后，剩下的那一段松紧带还可以再利用做成便当带。按照便当盒的大小，将吊带的松紧带剪下适当长度，再将两头缝合，就变成便当带了！还可以将上述提及的宝宝衣物装饰品缝纫在松紧带的接缝处，让便当带更可爱，也具有辨识的功能，宝宝很快就可以找到自己的便当盒了！

痱子粉功用多

爸爸妈妈通常会帮洗完澡的宝宝擦拭适量的痱子粉，除了保持宝宝肌肤的清爽干燥之外，利用痱子粉保持干燥、不易潮湿的特性，痱子粉还有许多功用喔！

保持鞋内干爽

穿了一整天的球鞋，常常是闷热不透气，尤其是在潮湿的雨季，鞋内的湿气和臭气散发出一股异味。在穿鞋子之前可撒一些痱子粉在鞋内，保持鞋内干爽，降低脚底出汗的机

会，就不容易引起脚臭。

防橡皮筋受潮

爸爸妈妈通常将橡皮筋收纳在同一个盒子里，但是时间久了，有时会黏在一起，不方便取用。若要防止橡皮筋粘连，可以在盒子内撒一些痱子粉，保持干燥，也防止受潮。

防止发夹生锈

妈妈的小黑发夹放在盒子里久了，常会有生锈的情况，避免发夹生锈，可以在盒子内撒些痱子粉，因为痱子粉可以吸湿气，保持干燥。

手套好戴不粘手

洗碗用的橡胶手套，在使用过几次之后，内层部分常会因受潮或手汗之故，变得不容易穿戴，或者使用时，感觉有点湿黏，实在不舒服！戴橡胶手套之前，先在手套里倒一些痱子粉进去，利用滑石成分的滑润原理，就能轻易地将手套打开，让手套更容易穿戴，而保持手部干燥，也可增加做家事的舒适性。

第3章

2～3个月的宝宝

生理发育

* 女宝宝

项目	年龄组	下限值	中间值	上限值
身高	2～3月	57.7 厘米	59.8 厘米	61.9 厘米
体重	2～3月	5.2 千克	5.4 千克	7.0 千克
头围	2～3月	约为 39.9 厘米	—	—

* 男宝宝

项目	年龄组	下限值	中间值	上限值
身高	2～3月	59.4 厘米	61.4 厘米	63.5 厘米
体重	2～3月	5.7 千克	6.0 千克	7.7 千克
头围	2～3月	约为 41.0 厘米	—	—

感觉发育

* 动作发育

3 个月的宝宝，头能够随自己的意愿转来转去，眼睛随着头的转动而左顾右盼。大人扶着宝宝的腋下和髋部时，宝宝能够坐着。让宝宝趴在床上时，他的头也能稳稳当当地抬起，同时上半

身还能由两臂支撑起。当他独自躺在床上时，会把双手放在眼前观看和玩耍。妈妈若扶着腋下把宝宝立起来，他会抬起

一条腿迈一步，再抬另一条腿迈一步，若碰到东西他还会用小脚踢一下，这是一种原始反射。

* 语言发育

3 个月的宝宝在语言上有了一定的发展，逗他时，他会非常高兴，并发出欢快的笑声。当看到妈妈时，宝宝脸上会露出甜蜜的微笑，嘴里还会不断地发出“咿呀”的学语声，似乎在向妈妈说着知心话。若是他发起脾气来，哭声也会比平常大得多。这些特殊的语言是宝宝与大人的情感交流，也是宝宝意识的一种表达方式，父母应对这种表示及时地作出反应。

* 听觉发育

随着月龄的增长，宝宝的听觉能力也在逐步提高。到 3 个月时，宝宝的听力有了明显的发展，在听到声音后，头能转向声音发出的方向，并表现出极大的兴趣，会很认真地听，并能发出“咕”的应和声，同时还会用眼睛追随走来走去的人。当家人与他说话时，他会发出声音来表示应答。

* 视觉发育

随着宝宝视觉的不断发展，2 个多月的宝宝慢慢地对颜色产生了分辨能力，对黄色最为敏感，其次是红色，见到这两种颜色的玩具很快能产生反应，对其他颜色的反应要慢一些。到宝宝 3 个月时，基本能认识奶瓶了，当他看到妈妈手里拿着奶瓶时，他就知道是要给自己吃饭或喝水了，于是会非常安静地等待着。

心理发育

3 个月的宝宝喜欢听柔和的声音，会看自己的小手，能用眼睛追踪物体的移动，会有声有色地笑，表现出天真快乐的反应。他对外界的好奇心与反应不断增长，开始用“咿呀”的发音与妈妈对话。

3 个月的宝宝脑细胞的发育正处在突发生长期的第二个高峰期，这时不但要有足够的母乳喂养，还要给予视觉、听觉、触觉神经系统的训练。妈妈可每天给宝宝俯卧抬头训练 20 ～ 30 分钟，可让宝宝追视移动物体，用触摸、抓握玩具的方法逗引宝宝，也可做宝宝体操等运动。

这个时期的宝宝最需要人来陪伴，当他睡醒后，最喜欢有人在他身边照料他、逗引他、爱抚他、与他交谈玩耍，这时他才会感到安全、舒适和愉快。

总之，父母的身影、声音、目光、微笑、抚爱和接触，都会对宝宝的心理造成很大影响，对宝宝未来的身心发育，建立自信、勇敢、坚毅、开朗、豁达、富有责任感和同情心的优良性格，会起到很好的作用。

多回应宝宝的发音

宝宝（尤其是做过呼名胎教的宝宝）到这个月，可能会发出一两个音，如“啊咕”“啊呜”等，渐渐地能模仿大人的口型发出声音。若妈妈听到宝宝发音，一定要及时地给予回应，最好语调及语气都能丰富一些。如宝宝发出了笑声，妈妈可以亲切和蔼地说：“宝宝真可爱，再笑一个。”如爸爸轻拍了一下宝宝，宝宝发出了一种不满的声音，妈妈可以用命令式的口吻对着爸爸说：“不准打我们家宝宝啊”……总之，就是要用多变的语调和语气回应宝宝的发音，这对宝宝练习发音，发展宝宝的语言能力很有帮助。

训练宝宝抓东西

从3个月起，宝宝就会试着抓东西，这时妈妈可以经常把宝宝抱在怀里，用玩具或者食物逗引宝宝伸手抓。不要把物件放在宝宝抓不着的地方，只要能抓到手，就达到了游戏和训练的目的。

宝宝把东西抓到手后，要给他玩一会儿，然后再慢慢从他小手中拿出来，再让他伸手抓。如果宝宝不放手，可以让他多抓一会儿。每当宝宝抓到玩具后，就会兴奋，妈妈要用语言、微笑和爱抚鼓励他。

宝宝的翻身训练

3 个月的宝宝一般能从仰卧翻到侧卧，这时就可以训练宝宝翻身。

有侧睡习惯的宝宝：有侧睡习惯的宝宝学翻身比较容易，只要在宝宝左侧放一个有意思的玩具或一面镜子，再把宝宝的右腿放到左腿上，再把宝宝的一只手放在胸腹之间，轻托右边的肩膀，轻轻在背后向左推，宝宝就会转向左侧。重点练习几次后，妈妈不必推动，只要把腿放好，用玩具逗引，宝宝就会自己翻过去。慢慢地，不必放腿，宝宝就能作 90° 的侧翻。可用同样的方法，帮助宝宝从俯卧位翻成仰卧位。

没有侧睡习惯的宝宝：妈妈可让宝宝仰卧在床上，手拿宝宝感兴趣能发出响声的玩具分别在宝宝侧面逗引，对宝宝说“看，多漂亮的玩具啊”，训练宝宝从仰卧位翻到侧卧位。宝宝完成动作后，可以把玩具给宝宝玩一会儿作为奖赏。宝宝一般先学会“仰—俯”翻身，再学会“俯—仰”翻身，一般每日训练 2 ～ 3 次，每次训练 2 ～ 3 分钟。

给宝宝进行日光浴

适当的日光照射，可促进宝宝生长发育，预防佝偻病和贫血，增强肌体的抗病能力。

根据宝宝体质状况，日光浴一般从生后第二个月开始进行。妈妈选择阳光温和的时候，把宝宝抱出去晒太阳，可选择清洁、平坦、干燥、绿化较好、空气流通、避开强风的地方。出去时衣服要少穿，尽量露出宝宝的皮肤，刚开始可以露出头部、手和脚、臀部。日光浴一次进行的时间不宜太长，刚开始以 5 ～ 10 分钟为宜，以后可视宝宝的耐受情况，每隔 2 天增加 1 分钟。

在宝宝进行日光浴以前，应有 5 ～ 7 天以上的户外活动，这样宝宝有个适应的过程。另外，若日光照射后，宝宝出现虚弱感、大汗淋漓、神经兴奋、睡眠障碍、心跳加速（脉搏增加 30%）等情况，应减少或停止日光照射。

这是谁的轮廓——促进视觉发展

＊ 游戏目的

1 发展视觉：宝宝3个月大时，视觉开始往“关注物体的轮廓”发展了。黑白分明且简洁的外廓，可以提高宝宝辨别物体轮廓的能力。

2 培养观察力：不同形状都有着自己鲜明的轮廓形象，宝宝会通过不断地观察，得以掌握它们之间的区别，从而建立起形状及轮廓的概念。

＊ 游戏方法

1 取五张轮廓图片，如圆形、三角形、正方形、长方形、心形等。

2 玩的时候，拿一张图片在宝宝眼前30厘米的地方，从左到右慢慢地移动，然后再换下一张，每张展示时间5～6秒，每天可以玩5次以上。

3 当图片在宝宝面前出现时，妈妈可以告诉宝宝形状的名称，如“这是圆形”“这是心形”等，有些说不出来是什么形状的就不用说了。

TIPS

为了让宝宝保持新鲜感，妈妈可以每天抽换两张新的图片。对宝宝特别偏爱的图片，可以拉着宝宝的小手轻轻地摸一摸，然后再亲亲宝宝。

握拳开掌——训练手指灵巧性

＊ 游戏目的

1 训练手指灵巧性：宝宝刚出生到 2 个多月时正是所谓的“握拳容易开掌难”的时候，他的双手大部分时间都是紧紧地握成小拳头的，屈肌发展得比较好，而伸肌则还没发展出来，这个游戏可以帮助宝宝自动张开手掌。

2 训练反应能力：通过手指锻炼刺激反应能力的增强。

＊ 游戏方法

1 妈妈轻轻地叩打或按摩宝宝的肩膀、手臂，以促进宝宝这些部位的肌肉得到放松。

2 妈妈将拇指塞到宝宝手中，拉起他的两只手臂，做胸前双臂交叉、双臂侧平举、双臂前平举、双臂画大圆等动作。

3 妈妈准备一些宝宝可以抓满手的东西，如铃铛、海绵、橡皮擦等，塞进他的两只手中，只要宝宝的手一张开，东西就会掉下来，这时妈妈再塞回去，让他反复练习握掌、伸掌的动作。

4 游戏结束后，妈妈可用柔软的毛绒玩具在宝宝身上搔痒，对宝宝说：“宝宝的小手多能干呀！是吧！”

TIPS

妈妈做这种重复性的活动时可能会有些不耐烦，但这个游戏对培养宝宝心灵手巧相当重要，所以妈妈要有耐心，不要嫌麻烦。

经常和宝宝聊天

*妈妈别忽视和宝宝聊天

从宝宝吃奶开始，妈妈就要经常和宝宝谈话聊天，这样也是一种沟通，对宝宝在婴幼儿阶段的智力发育大有好处。

别看宝宝还不会说话，当他听到大人在对他说话时，他大脑的思维正在不断地变换，他所听到的任何一种语言都对他的大脑皮层产生有效的刺激，促使他的思维变得更加活跃、更加新鲜。在各种声响中，宝宝对父母亲的语言刺激最敏感、最愿意接受。

这个时期的大部分宝宝已经有了牙牙学语的经历。妈妈应尽可能多地听宝宝喃喃自语，并及时予以回应，还可以和宝宝一起听乐曲。妈妈可以边听边哼唱，妈妈的声音可以很好地刺激宝宝的大脑。这样反复听、反复哼唱，可以让宝宝的大脑不断地得到良好刺激，为日后真正学说话打好基础。

*晚上睡觉前给宝宝讲故事

除了多跟宝宝聊天外，妈妈还可在宝宝睡觉前给宝宝讲一些童话故事。同时，也可在宝宝床边的墙上粘贴一些颜色鲜艳的画，建议多贴动物画，每天指着画教宝宝看图识物。虽然宝宝不会开口说话，但他处在听和潜在模仿阶段，听多了，当再次念到图画中事物的名称时，宝宝就会不自觉地朝那画看去。这有利于宝宝早期的启蒙教育。

妈妈别忽视宝宝的情绪

＊家人要关心宝宝的喜怒哀乐

妈妈不可为了忙自己的事，就将宝宝扔在一边不管不问，只要他不哭就行；甚至有的妈妈看到宝宝哭了也不管，认为宝宝哭一会儿没事，越哄他，他越哭得厉害，这种想法是绝对错误的。宝宝比大人更需要亲人的关心，他不能说话，没办法向爸爸妈妈说明他的需求，于是所有的需求都表现在情绪上。如果家人忽视他的情绪，长此以往，他就会对家人失去信任感，长大了也容易产生叛逆心理。

＊父母应该给宝宝心理满足

宝宝再小也有自己的感情需求。父母给予宝宝的应该不仅仅是物质上的满足，还有一种心理需求上的满足。妈妈可能会发现自己不能离开宝宝的视野，哪怕是一会儿，他就会表现出焦虑、悲伤，与陌生人相处时，他还会产生惧怕情绪。这是因为宝宝已能够区分陌生人和亲人，并表现出对亲人的依恋。这时候家人对宝宝应该给予更多的关怀。同时，多带宝宝与除家人之外的其他人接触，但不能完全将宝宝托付给他不熟悉的人，以免对他的心理造成伤害。

解读宝宝的各种偏好

＊偏好 1. 站着抱我就对了

Baby Say　亲爱的爸爸妈妈，人家就是喜欢你们站着抱我啦，最好还可以轻拍我或散步，如果坐下或躺着抱我，我会哭！

喜欢抱是每个婴幼儿的共同需求，出生的前 3 个月，对于这个世界的各种你认为天经地义的事，他却觉得万分陌生、不解而难以配合，所以此时期宝宝特别需要安全感。轻拍安抚、立姿抱起与摇动等动作，往往能让宝宝明显感受到被呵护。

偏好解读

这与刚出生宝宝那稚嫩又复杂的神经感觉系统，以及大脑和外在物理环境分秒互动的动态状态有关。宝宝需要成人来协助他调节神经感觉系统与大脑和外在物理环境之间的平衡。由于每个宝宝都是独特的

生命体，也在各自独特的家庭里，照顾他的父母也是独特的人，自然就形成了宝宝独有的行为偏好，这在最新婴幼儿研究里，这些都是可以被理解的现象。

也就是说，宝宝喜欢被以特定姿势来拥抱有两种可能：一是宝宝的第一个照顾者便以那样的姿势抱宝宝，宝宝认定那样的安全感；二是每个人感觉舒服的姿势不同，宝宝也有自己的喜好，人在喜欢的当下才能感觉到安全。

妈妈出招

1 妈妈应该先检视自己抱宝宝的姿势是否常令他不舒服，例如他的头、手、脚、身体等各部位是否被压住，空间是否不够他做小伸展等。

2 多尝试各种拥抱姿势，加上肢体安抚方法，如给予按摩抚触等。

3 模拟塑造合适的物理环境以满足宝宝的需要。

＊偏好 2. 就是爱咬、咬、咬

Baby Say　妈妈爱打电话，爸爸爱看电视……没人跟我玩。哼，人家也要有事做啦。嗯，咬手机和遥控器好像很酷喔！

宝宝出生后除了身体各种器官持续生长外，感觉系统的发展更是快速进行着。当宝宝的某种感觉成熟后，他会需要通过一些肢体的动作去证明他已具备某种能力，例如抓握能力到达某一程度，宝宝会尝试将手中握住的物品加以把玩。

另外，有些长牙阶段的宝宝会以随手物品来摩擦口腔内，其实是想借以减低因为长牙所造成的不适。

偏好解读

代表宝宝需要人陪伴，需要打发时间才能放松他自己。而宝宝喜欢咬的物品其实并不一定，通常是他伸手容易取得的物品，像是父母身上的眼镜、手机、钥匙，客厅茶几上的遥控器等。

妈妈出招

1 多陪伴宝宝，与宝宝进行互动游戏。

2 让宝宝远离家中不安全的物品，宝宝经常咬的玩具或物品必须定期清洁、消毒。

3 长牙的问题可请教小儿科医师或询问有经验的妈妈。例如冰敷、擦抹暂缓长牙疼痛的药膏等可供参考。

＊偏好 3. 抽它千遍也不厌倦

Baby Say　盒子会变出东西啊？大人每天都会来抽一下。嘿嘿，我也会了，我抽 1 张、2 张、3 张……瞧，我比你们厉害，一整盒卫生纸都抽完了，还可以塞回去？不，把它们捏一下、揉一揉，或者撕破更好玩。

偏好解读

同偏好 2，宝宝长大了，他有更多的体力和能力可以玩。除了好奇心加重，探索世界的欲望也更加浓烈了，重复性的操作是宝宝训练自己将事情做得更好的方法之一，尤其可以训练手部肌肉呢！

再者，宝宝也会开始模仿大人，模仿大人抽取卫生纸，模仿大人丢东西、撕纸，甚至翻书等。

妈妈出招

1 将卫生纸收纳好（以免宝宝误食）。

2 购买触感强烈、可重复操作的玩具跟宝宝一起玩或者自行制作好玩玩具让宝宝可以一直操练抓、握、抽、取等动作。

3 避免在宝宝面前操作危险物品，以防宝宝模仿。

* 偏好 4. 跟小物一起入睡

Baby Say 小熊熊乖乖睡、小被被抱抱睡，不准爸爸拿、不要妈妈洗，它们每天都要陪我一起进入梦乡才可以哦！

之前宝宝是通过跟妈妈（或主要照顾者）建立良好的依附关系而对这个世界有了信赖与安全感。但当宝宝渐渐长大，依附关系的影响会日渐式微，取而代之的是宝宝自己所认定的安全关系。

每个个体都有他脆弱的一面，而且反映不安、焦虑和紧张等情绪的方式也不尽相同。长期需要小物陪伴才能入睡的宝宝并不能完全被解读成没有安全感，而是应该说：他们的安全感需要一些有形的物体来帮忙。

偏好解读

同偏好 1，与宝宝的神经感觉系统以及大脑和外在物理环境分秒互动的动态状态有关，宝宝需要能帮助他自我调节的神经感觉刺激来协助他调节自己。

宝宝正在学习独立，但过程中需要一些人和物的协助，那些能抚慰他情绪、给予他安定力量的小物，正是他感觉安全的重要帮手。

妈妈出招

1 慎选宝宝的贴身玩偶跟用具，除了注意材质是否为过敏源外，其清洁方式最好符合方便、快速的原则，以利于经常清洗，最好辅以日照杀菌。

2 正面看待宝宝的各种生活习惯与需要，切勿因此扰乱亲子间的信赖关系。尊重宝宝的需要，亲子关系才会更亲密。

第  章

3～4个月的宝宝

生理发育

* 女宝宝

项目	年龄组	下限值	中间值	上限值
身高	3 ~ 4 月	60.6 厘米	62.6 厘米	64.6 厘米
体重	3 ~ 4 月	6.2 千克	6.5 千克	7.7 千克
头围	3 ~ 4 月	约为 40.5 厘米	—	—

* 男宝宝

项目	年龄组	下限值	中间值	上限值
身高	3 ~ 4 月	62 厘米	64.5 厘米	67 厘米
体重	3 ~ 4 月	6.5 千克	6.7 千克	8.5 千克
头围	3 ~ 4 月	约为 42 厘米	—	—

感觉发育

* 动作发育

4 个月的宝宝做动作的姿势较以前熟练了，而且能够呈对称性。将宝宝抱在怀里时，他的头能稳稳地竖起来。俯卧时，他能把头抬起和肩胛成 90° 角。他拿东西时，拇指较以前灵活多了。

＊语言发育

4个月的宝宝在语言发育和感情交流上进步较快。当高兴时，他会大声笑，声音清脆悦耳。当有人与他讲话时，他会发出“咯咯”或“咕咕”的声音，好像在跟妈妈对话。此时宝宝的唾液腺正在发育，经常有口水流出嘴外，还出现把手指放在嘴里吸吮的毛病。所以，妈妈要注意勤给宝宝洗手，擦掉溢出嘴角的唾液，保持下颌干燥清洁。

＊听觉发育

4个月的宝宝，其听觉能力有了很大的发展，已经能集中注意倾听音乐，并且对柔和动听的音乐声表示出愉快的情绪，而对较强烈的声音表示出不快。听到声音能较快转头，能区分爸爸妈妈的声音，听见爸爸妈妈说话的声音就会高兴起来，并且开始发出一些声音，似乎是对爸爸妈妈的回答。而且，当爸爸妈妈叫他的名字时，他已有应答的表示。

＊视觉发育

三个半月的宝宝已能任意调节双眼的焦距，可以随意观察视野内的物体。三个半月的宝宝在观看附近不同位置的小巧精致的物体时，如果那是他在以前7周或8周大的时候早已见过的物体，他在这时最多只对那个物体轻瞥一下就不再回顾了。和这种现象恰成强烈对比的，就是在三个半月以后的几周时间里面，宝宝不但很喜欢看附近小巧的物体，而且他会很技巧而迅速地在物体的表面，从一点仔细看到另一点。因为这个时期的宝宝，已变得精于观察了。

心理发育

4个月的宝宝喜欢父母逗他玩，高兴了会开怀大笑、自言自语，似在背书，“咿呀”不停；会听儿歌且知道自己叫什么名字；见到妈妈和他喜欢的人，知道主动伸手找抱；对周围的人、物品都会表示出浓厚的兴趣。

宝宝会将两手放在一起，并互相玩弄。宝宝会经常旁若无人地将自己的小手放入嘴里，咂巴得津津有味，甚至将整个拳头伸进嘴里。当他看见一件玩具时会表示高兴，能抓住玩具，握物时，常是大拇指和其他四指对握。对周围事情感兴趣时，会立即表示微笑。当和他讲话时，会发出“咕咕”及“咯咯”声。能认出妈妈和熟悉的东西，并开始与别人玩，特别喜欢爸爸妈妈将他竖抱起来，并像大人一样东张西望。

训练宝宝发音

妈妈拿一个带响的玩具，一边逗他玩，一边喊："宝宝拿住。"同时，拉着宝宝的手让他握住玩具，宝宝一兴奋可能会发出两个单音。

妈妈还可在宝宝的床上面悬挂一个较大的、能发声的塑料娃娃。宝宝仰卧在床上，要让宝宝的手脚都能碰到玩具。要逗引宝宝抓、蹬和发声，注意宝宝能否发出ma、na等的近似音，并作记录。这个方法能给宝宝足够的语言刺激，提高宝宝的语言能力。

训练宝宝叫名回头

训练宝宝叫名字回头，可以锻炼宝宝的听觉能力和大动作能力。一般来说，宝宝前2个月就能听到声音回头去看，但到底能不能理解自己的名字，还需妈妈进一步观察。

带宝宝去公园或有其他宝宝的地方，妈妈可先称呼其他小朋友，看看宝宝有无反应，然后再叫宝宝的名字，看他是否回头。

切记要用固定的名字称呼宝宝，如果妈妈一会儿说"宝宝"一会儿说"文文"，或者经常更改名字，使宝宝无所适从，就会延迟叫名回头的时间。当宝宝听名回头向妈妈笑时，要将他抱起来吻一下，并说"你真棒"、"真聪明"，以示表扬。

妈妈要和宝宝一起玩

这个时候，宝宝手的活动范围扩大了，两只手能在胸前握在一起，经常把手放在眼前，这只手拿那只手玩，那只手拿这只手玩，或有滋有味地看自己的小手。这个动作是 3 ～ 4 个月大宝宝动作发育的标志。

让宝宝反复地凝视着自己的手，宝宝可逐渐体会到手是身体的一部分。妈妈不要因为他把手放在嘴里就不断地呵斥、阻止他，反而应该和宝宝一起来玩。例如，妈妈可以握着宝宝的手说："这是宝宝的手手。小手手，小小手，拍一拍，瞅一瞅。"另外，为了锻炼宝宝精细动作的能力，妈妈还可让宝宝捡一些玩具，先一只手捡一个，慢慢地发展到两只手同时捡。

训练宝宝坐

从第 4 个月起，妈妈或爸爸可以每天和宝宝玩拉坐游戏，来训练宝宝的腰肌。训练时，先让宝宝仰卧在平整的床上，妈妈或爸爸握住宝宝的双手手腕，也可用双手夹住宝宝的腋下，面对着宝宝，边拉坐，边逗笑，边对话，使宝宝处在快乐的气氛中，慢慢地将宝宝从仰卧位拉到坐位，然后再慢慢地让宝宝躺下去。练习多次后，妈妈或爸爸只需稍微用力帮助，宝宝就能借助妈妈或爸爸的力量自己用力坐起来。

开始进行拉坐训练时，时间一般控制在每次 5 分钟左右，然后逐渐延长至 15 ～ 20 分钟。宝宝刚学会坐时，常常会左右摇摆或身子前倾，但没多久，宝宝就能挺直腰部。进入第 6 个月后，大多数宝宝已能稳稳地独坐了。

伊比拉拉——锻炼上肢肌肉力量

* 游戏目的

1 发展运动能力：4 个月左右的宝宝头颈及腰背部肌肉力量迅速发展，这个游戏可以帮助宝宝伸展和锻炼上肢肌肉力量，为独自“坐”作准备。

2 开发社交能力：与人拉手互动，是早期合作的开始，宝宝会努力学习配合，这是培养其团队精神的基础。

* 游戏方法

1 让宝宝仰卧在床上。妈妈将大拇指塞进宝宝的小手心里，其余四指包裹住宝宝的小手并抓住宝宝的手腕，宝宝会自然地抓住妈妈的手指。

2 将宝宝慢慢地拉坐起来，然后再轻轻地原路放回到仰卧姿势，这样边做动作边唱儿歌：“伊比拉拉，伊比伊比拉拉——伊比拉拉，伊比伊比拉拉——伊比拉拉，伊比伊比拉拉——伊比拉拉，伊比伊比拉拉——”

3 换换歌词，如“伊比雅雅”、“伊比压压”或“伊比妞妞”等都可以。

TIPS

一句儿歌做一个动作，让宝宝充分体现乐曲感。另外，如果宝宝很高兴，妈妈在拉起宝宝的同时，与宝宝碰碰头、顶顶鼻子，宝宝会更开心。

镜子里的小伙伴是谁呀——初步发展自我意识

＊ 游戏目的

1 发展视觉：镜子对三四个月的宝宝来说是最好玩的玩具，镜子里的那个可爱的小人儿令宝宝感到惊奇，他会盯着看个不停。

2 初步发展自我意识：宝宝要到 15 ～ 18 个月才会知道镜子中的小可爱就是自己，这个时候妈妈可以让宝宝多照照镜子，以初步发展宝宝的自我意识。

＊ 游戏方法

1 在婴儿床前面放一面宝宝镜，宝宝趴着自娱自乐时，会盯着看，去探究，这会给他带来很多乐趣。

2 妈妈抱宝宝到大的穿衣镜前，指着镜中的人告诉宝宝：“这是妈妈”、“这是宝宝”、“这是宝宝的小鼻子。”

TIPS

拉着宝宝的手摸摸镜子，在镜子前做出各种表情，引发宝宝对镜中形象的兴趣，宝宝会逐渐与镜中的自己碰碰头、笑一笑、摸一摸等。

妈妈要读懂宝宝的表情与动作

虽然宝宝还不会说话，但是宝宝有着丰富的面部表情和形体变化“密码”，妈妈只要能够解读宝宝的这些“密码”，就能了解宝宝的感受和需要，给宝宝最好的呵护。

* 表情：懒洋洋

解读：我吃饱了。当宝宝把奶头或奶瓶推开，头转一边，一副浑身松弛的样子，多半已经吃饱，不要再勉强宝宝吃。

* 动作：喊叫

解读：烦恼。不到 1 岁的宝宝，在嘈杂的环境中很容易受到干扰，但苦于口不能言，只好用尖叫、哭闹来表达自己的烦恼。

* 表情：严肃

解读：缺铁。一般宝宝在出生后 2 ~ 3 个月便能在父母的逗引下露出微笑。有些宝宝笑得很少，小脸严肃，表情呆板，多半因体内缺铁造成。

* 表情：笑

解读：兴奋愉快。当宝宝感觉舒适、安全的时候，就会露出笑容，同时还会双眼发光，兴奋卖力地舞动小手和小脚，这表示他很开心。这是妈妈最愿意看到的表情，也是最容易读懂的表情。

* 表情：爱答不理

解读：我想睡觉。玩着玩着，宝宝的眼神变得发散，不像刚开始那么灵活而有神，对外界的反应也不太专注，还时不时打哈欠，头转向一边，不太爱理睬妈妈，这表示他困了，想睡觉了。

* 表情：撇嘴

解读：有了需求。宝宝撇起小嘴，好像受了委屈，这是要哭的先兆。有经验的妈妈会知道宝宝是用这种方式来表达要求，至于宝宝是饿了要吃奶，或尿布湿了要人换，或寂寞了要人逗，得根据具体情况来判断。

* 表情：小脸通红

解读：大便前兆。判断宝宝大便的时机，可减少妈妈的工作量。如果看到宝宝先是眉筋突暴，然后脸部发红，而且目光发呆，是明显的内急反应，赶紧准备给宝宝排大便。

* 表情：吮手指、吐气泡

解读：别理我。多数宝宝在吃饱、穿暖、尿布干净而没有睡意的时候，会自得其乐地玩弄自己的嘴唇、舌头，比方说吮手指、吐气泡什么的。也许这时宝宝更愿意独自玩耍，不愿意别人打扰。

* 动作：乱咬东西

解读：长牙难受。宝宝到了长牙期，会把乱七八糟的东西塞进嘴巴，乱咬乱啃，不给就闹。长牙那种又痒又痛的感觉很难忍受，抓到什么咬什么，是宝宝逃避难受的方式。

* 表情：眼神无光

解读：疾病先兆。健康的宝宝眼神总是明亮有神、转动自如的。若发现宝宝眼神黯然呆滞、无光少神，很可能是身体不适的征兆，也许已患病。最好带宝宝去医院看看，千万不要迟疑！

* 表情：撅嘴、咧嘴

解读：要排尿。每次小便之前，宝宝通常会出现咧嘴或是上唇紧含下唇的表情。出现这种表情的时候，最好把一把小便，或检查尿布是不是应该换了。

* 动作：吮吸

解读：饿了。喂哺过一段时间以后，宝宝小脸转向妈妈，小手抓住妈妈不放。用手指一碰宝宝面颊或嘴角，便马上把头转过来，张开小嘴做出寻找食物的样子，嘴里还做着吸吮的动作，这说明宝宝饿了，赶紧给宝宝喂吃的吧！

* 模仿宝宝的表情与声音

模仿宝宝的表情

妈妈可以刻意模仿宝宝的动作与表情，宝宝会因此而兴奋不已。反过来，如果妈妈做了一些夸张的动作，宝宝也能学得惟妙惟肖。宝宝通过模仿大人的表情，慢慢地会了解到不同的心情用不同的表情表现出来。当宝宝会像大人一样微笑时，妈妈会觉得很高兴。宝宝在模仿大人的各种表情时，大人的脸部不仅反映着自己的情绪，而且确确实实对宝宝也有一定的影响。

模仿宝宝的声音

语言是开发智力的工具。人的思想情感，可以用表情、肢体动作来表达，但更重要的是用语言来表达。3 ~ 4 个月的宝宝，正是牙牙学语的阶段，父母应该利用这个机会，提早开发宝宝的语言能力。

这个时期的宝宝是个观察者，他喜欢盯着妈妈所指的事物并把眼光落在这个事物上。当宝宝看到妈妈用舌头、嘴唇发出声音时，就会模仿妈妈自发地发出一些无意识的单词，如“呀、啊、呜”等。对于宝宝牙牙学语发出的呢喃声，妈妈要尽可能去模仿。这样的回应会使宝宝很兴奋。为了得到应答，宝宝会更积极地学习发声。

在宝宝的语言发展中，父母的教导非常重要。3 ~ 4 个月大的宝宝，已能分辨不同人的声音，特别是听到妈妈的声音时会格外兴奋。这个阶段妈妈要多和宝宝说话，不管宝宝听不听得懂，这是一个反复训练的过程，这样有利于宝宝的听力发展和发音模仿，或者让宝宝多听一些轻松愉快的音乐，以促进宝宝听力和语言的发展。

给宝宝看全家照，认识家里人

＊让宝宝看看全家照

这个时候的宝宝基本能认识一些家里人了，妈妈可以把全家照拿给宝宝看。他很喜欢盯着看，特别是熟悉的人的面孔或全身。把放大的照片贴在或放在宝宝能看到的墙上或桌子上。在他看照片时，妈妈指着照片里的人说出其名字并告诉宝宝那是宝宝的什么人。这时宝宝会伸手去够照片，让他去碰吧，这有助于他辨别家人，也有助于早期亲情的培养。

＊在宝宝的居室多贴一些图片

在宝宝室内的墙上也可悬挂一些图片，上面印有皮球、苹果、太阳等，大人可随时提问：“皮球呢？”“苹果呢？”让宝宝随时可见，随时指认图片或用眼睛去寻找。图片内容熟悉后可更换，也可同时悬挂几张不同内容的图片，让宝宝在比较中加深印象。

第5章

4～5个月的宝宝

成长发育

生理发育

＊女宝宝

项目	年龄组	下限值	中间值	上限值
身高	4～5月	61.8 厘米	64 厘米	66.2 厘米
体重	4～5月	6.1 千克	6.7 千克	8.4 千克
头围	4～5月	约为 41.5 厘米	—	—

＊男宝宝

项目	年龄组	下限值	中间值	上限值
身高	4～5月	63.8 厘米	65.9 厘米	68.0 厘米
体重	4～5月	6.7 千克	7.3 千克	9.2 千克
头围	4～5月	约为 42.8 厘米	—	—

感觉发育

＊动作发育

5 个月的宝宝懂事多了，体重已是出生时的 2 倍。口水流得更多了，在微笑时垂涎不断。如果让他仰卧在床上，他可以自如地变为俯卧位；坐位时背挺得很直。当大人扶助宝宝站立时，能直立。在床上处于俯卧位时很想往前爬，但由于腹部还不能抬高，所以爬行受到一定限制。

5个月的宝宝会用一只手够自己想要的玩具，并能抓住玩具，但准确度还不够，往往一个动作需反复做好几次。洗澡时很听话，并且还会打水玩。

5个月的宝宝还有个特点，就是不厌其烦地重复某一动作，经常故意把手中的东西扔在地上，捡起来又扔，可重复20多次。他还常把一件物体拉到身边，推开，再拉回，反复做同样的动作。这是宝宝在显示他的能力。

* 视觉发育

从宝宝的眼光里，已流露出见到父母时的亲密神情。如给宝宝做鬼脸，他就会哭；逗他、跟他讲话，他不但会高兴得笑出声来，还会等待着下一个动作。这个时期，宝宝揣度对方的想法、动作的智慧发达起来了。发育早的宝宝已开始认人。

* 听觉发育

5个月的宝宝听觉已很发达，对悦耳的声音和嘈杂的刺激已能作出不同反应。妈妈轻声地跟他讲话，他就会显出高兴的神态。

心理发育

5个月宝宝手脚的活动相当频繁自如，喜欢抓大人的鼻子，抓到东西时不是摇动就是放到嘴里去吸吮，两腿喜欢乱蹬，常常把盖着的被子蹬开。把宝宝抱在腿上时，能稍微扶站一会儿，并一蹦一蹦地跳跃，稍不高兴时，还会把身体挺得笔直。

这时的宝宝喜欢和人玩藏猫猫、摇铃铛，还喜欢看电视、照镜子，对着镜子里的人笑，还会用东西对敲。这时期，宝宝的生活丰富了许多。

父母可以每天陪着宝宝看周围世界丰富多彩的事物，可以随机地看到什么就对他介绍什么，干什么就讲什么。如电灯会发光、照明，音响会唱歌、讲故事等。各种玩具的名称都可以告诉宝宝，让他看、摸。这样坚持下去，每天5～6次。开始宝宝学认一样东西需要15～20天，学认第二样东西需12～16天，以后就越来越快了。

这个月龄的宝宝，睡眠时间较以前要减少，醒着时喜欢东瞧西看，对自己周围的事情也积极关心起来，经常开心地笑出声来，喜欢牙牙学语、自言自语，开始明显地表现出愿意和成人交往，已能分清熟人与陌生人。

读书

妈妈这个时候可以开始给宝宝读书，以提高宝宝的语言技能，并促进宝宝的感官发育。但读书时语速要放慢，对不同的字可用不同的声音。经常停顿下来观察宝宝的反应，你可能会发现，他喜爱有节奏的韵律——大多数宝宝都是这样的。妈妈与宝宝一起唱韵律和谐的摇篮曲，也会像宝宝一样享受这一美好时刻。

教宝宝认颜色

宝宝出生三四个月后就有了对色彩的感受力，妈妈要抓住这个时期用较好的方法帮助宝宝认识颜色，先认红色，如皮球，告诉宝宝这是红的，再告诉他番茄也是红的。宝宝会睁大眼睛表示怀疑，这时可再取 2 ～ 3 个红色玩具与番茄放在一起，肯定地说“红色”。也可让宝宝从各种色卡中挑出红色，把不是红色的放在一起，把红色的放在一起。渐渐地，宝宝就能认识红色了。其他颜色，妈妈也可用同样的方法进行训练。

要给宝宝时间慢慢地理解，颜色要慢慢地认，千万别着急。不要同时介绍两种颜色，否则容易使宝宝混淆。

匍行训练

有时宝宝双腿离开床铺，身体以腹部为支点在床上打转。用手抵住宝宝足底，用玩具在前面引诱，宝宝会用上肢和腹部开始匍行。能促进宝宝身体和骨骼的生长发育，提高宝宝的智力。

听声音拿玩具

让宝宝建立声音与玩具间的条件反射，每听到一种声音，就认得一种玩具并拿来，可训练宝宝的适应能力。

妈妈在家中选择宝宝喜欢的玩具，如小电话、小喇叭、小电子琴等，妈妈一面说，一面拿取玩具同他玩耍，并要求宝宝“给我拿小电话”，看他是否拿对。拿对了，抱起来亲亲他，表示鼓励；拿错了，替他拿一个对的，让他再认识。多重复几次，宝宝一定能学会辨认玩具。

小触觉球游戏——促进自我认知

＊ 游戏目的

1 发展触觉：触觉球是相当专业的律动球，球面上的颗粒能强化触觉神经及辨识能力，对触觉的复苏有很大的帮助。

2 促进认知：小宝宝不知道自己身体的存在，也无法区分自己的身体与别人身体的不同，这个游戏可以推动宝宝刚刚萌芽的身体认知。

＊ 游戏方法

1 妈妈拿小触觉球从宝宝的胸前滚到腹部、大腿，回到头部，或是从背部滚到屁股。滚动时要时而用力，时而放松，给宝宝不同的感觉。

2 在滚动的同时，遇关节处稍用点力挤压两下，特别是颈部、手掌、脚底、腿窝等敏感处。

3 妈妈可以一边做，一边唱歌或放个背景音乐，来制造一种快乐的气氛。

TIPS

有机会的话，妈妈可带宝宝到游乐场去玩一玩，那里的海洋球池可以让宝宝全身都接受小球带来的压力和刺激。

移动的光束——促进视觉发展

* 游戏目的

1 发展视觉：这个游戏能增强宝宝的追视能力，而各种灯光色彩的变化也会让宝宝识别和熟悉各种不同的颜色，能促进宝宝的适应能力。

2 开发探索精神：灯光不断地出现又消失，对宝宝来说是非常新奇的，因此能增强宝宝的好奇心和激发宝宝对未知事物的探索欲望。

* 游戏方法

1 妈妈在手电筒上蒙上一层彩色玻璃纸或纱巾，用橡皮筋扎好，准备就绪后，把房间的光线调暗。

2 打开手电筒，把灯光投射到天花板或房间的墙壁上，这时会出现彩色的光圈。宝宝会注意到这一点，再慢慢地移动手电筒，让宝宝的眼光随之移动。

3 快速地开、关手电筒，用光束画出不同的图形。

4 慢慢地在两个物体之间来回移动光束，同时问宝宝：“光在哪里了？”“噢，在宝宝的小脚指头上呢！”

TIPS

移动光线的速度要慢一点。

宝宝，我们去串串门吧

这一时期是宝宝认人的阶段，是宝宝最爱交际的时候，爸爸妈妈可以经常带宝宝接近邻居或是其他陌生人，有机会可以带宝宝去串串门，让宝宝在与别人的接触中学会待人接物，学会打招呼，逐步提高适应陌生人和适应环境的能力，有助于宝宝社交智能的培养。

* 先和经常见面的人接触

宝宝初次跟陌生人打招呼会害怕，可以让宝宝多跟经常见面的人接触，街坊邻居、亲戚是最好的对象，采取逐步过渡的方法，这样就可以慢慢地熟悉起来。

* 你可以这样做

进邻居家的门时，教宝宝和他人打招呼，妈妈可以抱着宝宝，抓着他的手向邻居问好："阿姨好！我叫可可，我

来阿姨家串门来啦！”离开时则应教宝宝说“阿姨，再见”、“拜拜”，在路上遇见街坊邻居时，也可以教宝宝这样打招呼问好。和邻居家的小伙伴玩时，可以教宝宝和小伙伴分享玩具，显露出友善可亲的表情。

宝宝和人相遇或分离时，教宝宝说“你好”、“拜拜”不仅是打招呼的方式，也可以让宝宝认识到相见和分离的区别，比如当对别人说“拜拜”后，别人就会离开。

抱着宝宝讲解周围的环境

* 让宝宝接触丰富的环境和事物

妈妈应尽可能提供不同的物品、不同的景象，任宝宝看、任宝宝玩，要避免让宝宝一天超过六七个小时自己玩或待在床上。可经常抱起宝宝在室内走一走、看一看，一边看，一边告诉宝宝各种物体的名称，如“这是桌子”“这是沙发”“这是电视机”……或者让宝宝坐在小车里，到户外散散步，看看飞过的小鸟、院子里的绿树鲜花等，逐渐帮助宝宝在语言和实物之间建立最初的联系，同时帮助宝宝开阔眼界、丰富知识。

* 教宝宝认识日常物品

妈妈平时应有意识、有计划地教宝宝认识日常物品。如在给宝宝洗澡时告诉宝宝：“这是宝宝的毛巾。”然后每次洗澡时就带着宝宝去拿他自己的毛巾，慢慢地宝宝自然就认识了。妈妈要有意识地养成和宝宝在一起时，做到干什么就讲什么。

妈妈开始指给宝宝东西看时，他可能东张西望，妈妈要吸引他的注意力，坚持下去，每天 5 ~ 6 次。宝宝越感兴趣的东西，认得就越快，要一件一件地认，不要同时认好几件东西，以免影响学习效果。

宝宝已经会感受他人的情感

*大人的情绪影响宝宝的情绪

4～5个月宝宝已逐渐适应环境，积极的情绪反应已占主导地位，宝宝已能非常敏感地感受他人的情绪，例如，宝宝已经学会对妈妈的歌声和笑脸报以微笑和四肢舞动的欢快反应，并主动对妈妈的亲近发出愉快的情绪反应；对妈妈悲哀的面孔表现出严肃的表情，开始出现了悲伤的情绪。妈妈要多用欢乐的情绪影响宝宝。

*妈妈要回应宝宝的微笑

宝宝出生后本能地发出“天使的微笑”。3～4个月后，宝宝出现“社会性的微笑”。宝宝的笑是突然发出的，伴随着满目发光、两手晃动，接着笑容立即停止，等候大人的鼓励。这时，妈妈应笑脸相迎，轻轻地抚摸宝宝或亲吻宝宝。同时，宝宝会以微笑表示满意。

宝宝发怒怎么办

当宝宝的需求没有得到满足时，常常会发怒，但持续时间并不长。

父母以正确的态度来对待宝宝的怒气是很重要的。宝宝发怒时，父母应始终保持客观、冷静的态度，绝不要跟着宝宝一起发怒，绝不要故意逗宝宝发火。在宝宝发脾气时，妈妈既不要惩罚，也不要溺爱宝宝。可以和宝宝做游戏吸引宝宝的注意力，宝宝就会很容易平静下来。如果宝宝不能平静下来，妈妈也不妨到隔壁房间忙点别的事。总之，对发怒的注意越少，宝宝也就越少发怒。由于宝宝正处于个性形成时期，这些最初的行为的影响将是非常深远的。

第  章

5～6个月的宝宝

生理发育

* 女宝宝

项目	年龄组	下限值	中间值	上限值
身高	5 ~ 6 月	63.5 厘米	65.7 厘米	68.0 厘米
体重	5 ~ 6 月	6.5 千克	7.2 千克	9.0 千克
头围	5 ~ 6 月	约为 42.6 厘米	—	—

* 男宝宝

项目	年龄组	下限值	中间值	上限值
身高	5 ~ 6 月	65.5 厘米	67.6 厘米	69.8 厘米
体重	5 ~ 6 月	7.1 千克	7.8 千克	9.8 千克
头围	5 ~ 6 月	约为 43.7 厘米	—	—

感觉发育

* 动作发育

6 个月的宝宝大人若扶着他，他能够站得很直，并且喜欢在扶立时跳跃。妈妈将玩具等物品放在宝宝面前，他会伸手去拿，并塞入自己口中。6 个月的宝宝已经开始会坐，但还坐得不太稳。

＊语言发育

6 个月的宝宝可以和妈妈“对话”，两人可以无内容地一应一答地交谈几分钟。他自己独处时，可以大声地发出简单的声音，如“妈”“大”“爸”等声音。妈妈和宝宝对话，增加了宝宝发声的兴趣，并且丰富了发声的种类。因此，在宝宝“咿咿呀呀”自己说的时候，妈妈要与他一起说，让他观察妈妈的口型。耳聋的宝宝也能发声，只是因为他们听不到别人的声音，不能再学习，失去了发声的兴趣，使语言的发展出现障碍。

＊听力发育

6 个月的宝宝其听力比以前更灵敏了，能够分辨不同的声音，特别是熟人和陌生人的声音。如果具备一定的环境条件，并经过一定的训练，还可以分辨出动物发出的不同的声音来。

＊视力发育

6 个月的宝宝其视力发育有了很大的进步，凡是他双手所能触及的物体，他都要用手去摸一摸；凡是他双眼所能见到的物体，他都要仔细地瞧一瞧（不过，这些物体到他身体的距离须在 90 厘米以内）。由此证明，婴幼儿对于双眼见到的任何物体，他都不肯轻易地放弃主动摸索的大好良机。

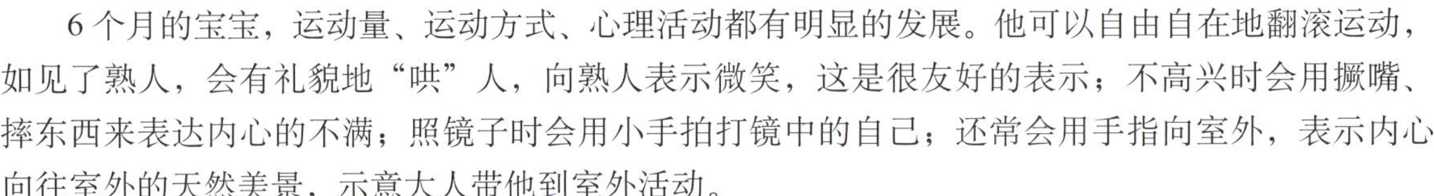

心理发育

6 个月的宝宝，运动量、运动方式、心理活动都有明显的发展。他可以自由自在地翻滚运动，如见了熟人，会有礼貌地“哄”人，向熟人表示微笑，这是很友好的表示；不高兴时会用撅嘴、摔东西来表达内心的不满；照镜子时会用小手拍打镜中的自己；还常会用手指向室外，表示内心向往室外的天然美景，示意大人带他到室外活动。

6 个月的宝宝，心理活动已经比较复杂了。他的面部表情就像一幅多彩的图画，会表现出内心的活动。高兴时，会眉开眼笑、手舞足蹈，“咿呀”学语；不高兴时会怒发冲冠，又哭又叫。他能听懂严厉或柔和的声音。当妈妈离开他时，他会表现出害怕的情绪。

情绪是宝宝的需求是否得到满足的一种心理表现。宝宝从出生到 2 岁，是情绪的萌发时期，

也是性格健康发展的敏感期。父母对宝宝的爱、对他生长的各种需求的满足以及温暖的胸怀、香甜的乳汁、富有魅力的眼光、甜蜜的微笑、快乐的游戏过程等，都为宝宝心理健康发展奠定了良好的基础，为智力发展提供了广阔的课堂。

这一时期是建立亲子依恋之情和对周围世界的信任的关键时期，良好的依恋关系的建立可以促进宝宝对环境积极的探索。他们对周围的各种物品都感兴趣，喜欢抚摸、敲打东西，并把拿在手里的任何东西都放在嘴里去品尝一下其味道和质地。在此期间宝宝开始出现对食物的偏好，对食物的任何变化都会有非常敏锐的反应，会出现对新食物的恐惧现象，不喜欢品尝新食物。而一些吃惯了母乳的宝宝在刚刚换喝牛奶的时候往往会加以拒绝。

增强对宝宝听觉的刺激

这个时候宝宝的感官正处于逐步发育成熟的阶段，所以妈妈在训练宝宝的智力时，还要进一步增强对宝宝的感官刺激。而在增强宝宝的感官刺激时，听觉的感官刺激是最基本的，并且可以在日常生活中随时、随机进行。

比如，当妈妈打开电视机、开动吸尘器、往浴缸中放水、热水壶响了或门铃、电话响了时，都可以用亲切而清晰的声音告诉宝宝这是什么东西发出的声音，并同时将相应的物体指给宝宝看。这样做不仅会让宝宝对声音的反应更加敏锐，而且还因妈妈重复告诉宝宝那些东西的名称，而有助于宝宝认识和记忆更多的词汇。同时，妈妈在重复告诉宝宝那些东西的名称时，口型的变化还会刺激宝宝的模仿力，进而激发宝宝的发音和语言能力。

撕纸

让宝宝两手拿纸，初次玩可把纸中间撕一个小口，这样宝宝撕起来会容易一些。妈妈也可握着宝宝的手教宝宝撕，慢慢地他就会自己去撕了。妈妈还可和宝宝合作，两人各用一只手撕纸。

另外要注意，废旧的报纸和书刊，尤其报纸上面的油墨很容易脱落，这些油墨含有铅，对宝宝的健康不利。因此撕纸后，一定要帮宝宝把小手清洗干净，并且一定要防止宝宝在小手没洗干净之前吃手，或者用手拿东西吃。

独坐训练

在靠坐的基础上让宝宝练习独坐，妈妈可先给予宝宝一定的支撑，以后逐渐撤去支撑物；或首先让宝宝靠坐，待坐得较稳后，逐渐离开靠背，这样训练宝宝身体的平衡性。有的宝宝要到7个月或7个月以上才能坐稳。

如才满6～7个月的小宝宝就坐学步车，因个子小、坐垫过高，脚不能完全着地，只能用脚尖触地滑行。久而久之，宝宝就形成前脚掌触地的走路姿势。

另外，宝宝是通过接触、抓握、敲敲打打、扔等学习认识物体，自由的探索有助于宝宝智能的发展，学步车限制了宝宝自由的活动，剥夺了宝宝学习的机会，会影响宝宝智力的发育。妈妈最好到宝宝满10个月后再让他使用学步车。

教宝宝打招呼

当宝宝学会模仿时，妈妈可以教他养成与别人打招呼的习惯。早上爸爸出门时，妈妈可以抱着宝宝，抓着他的手向爸爸挥手说“爸爸，早点回来”。

另外，遇见街坊邻居时也是一样。首先妈妈向别人打招呼“你好”，然后再对宝宝说“我的宝宝也要向奶奶问好”，让宝宝问好。当离开时，“来，我们来拜拜，拜拜”，然后握着宝宝的手挥动几下。

当然，这个时期的宝宝还不会说“你好”。但随着他与人接触的机会不断增加，重复练习，宝宝会很快学会的。

奔赴四方——发展空间认知

* 游戏目的

1 发展平衡能力：这是促进前庭平衡系统的活动，不断变换的“画面”也可以促进视觉的发展。

2 促进认知：帮助宝宝确定自身与周围事物之间的关系，发展空间认知。

* 游戏方法

1 爸爸抱起宝宝坐到自己的肩膀上，一手托住他的屁股，一手搂着宝宝的腋下，让他面向外可以看到整个环境，然后爸爸开始像匹马一样跑来跑去。

2 在游戏过程中，宝宝会因为看到“画面”不断在改变，而感觉新鲜。爸爸一开始移动的速度不要太快，甚至可以只在一个小地方坐坐，慢慢地将活动范围扩大。

TIPS

玩这个游戏宝宝会很高兴，会因为兴奋而乱蹦乱窜。爸爸首先要注意将宝宝扶好，以保证宝宝的安全，其次爸爸会很累，要量力而为。

翻身过障碍——促进反应力

* 游戏目的

1 基本体能训练：这个游戏可以促使宝宝前庭中半视管发挥平衡的机能，而地心的引力也促进大脑神经的发育。

2 促进反应力：宝宝翻身越利落、次数越多，对运动能力的发展越有帮助，长大后才能有灵活的身手和敏锐的反应。

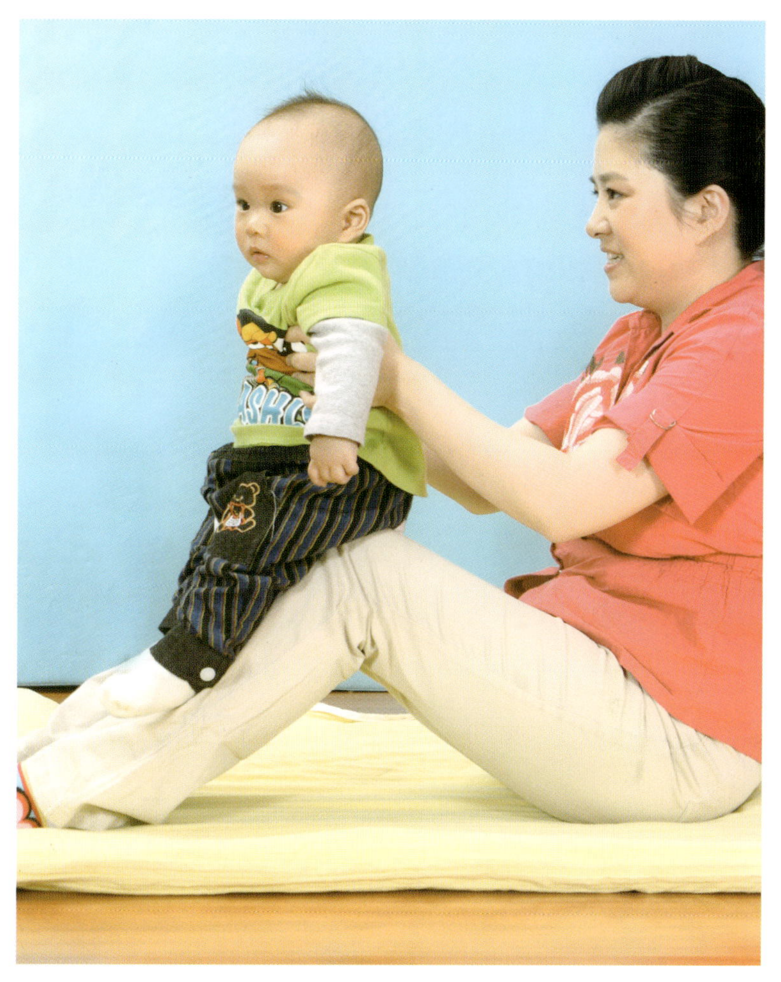

* 游戏方法

1 妈妈鼓励宝宝自己用力从俯卧翻成仰卧，或仰卧翻成俯卧，只要宝宝愿意，可以帮助他反复地练习。

2 当宝宝能随心所欲地翻动身体时，可在床面上加些障碍物，如床单、棉被、枕头、垫子等，让宝宝从上面翻过去。

3 爸爸和妈妈也可和宝宝一起玩翻滚游戏，会刺激宝宝更长久地喜欢这项活动。

翻身活动要在宝宝喝奶半小时以后进行。另外，当宝宝能自由翻身时，妈妈要特别注意床铺周围的安全性。

建立信任，增强宝宝安全感

* 爸爸妈妈要多亲近宝宝

亲近你的宝宝有助于使他对你产生信任，而且还能给他一种安全感和对他人的信任。

6个月左右的宝宝已经有了比较复杂的情绪，高兴时眉开眼笑，甚至手舞足蹈；不高兴时大发脾气，甚至大哭小闹。所以，妈妈和爸爸千万不要认为这时的宝宝什么也不懂而冷落了宝宝。

这个月的宝宝害怕陌生的环境和陌生的人。一旦妈妈和爸爸等亲人突然离开时，宝宝就会产生惧怕、悲伤等情绪。所以，在陌生人刚来时妈妈或爸爸不要突然离开宝宝，更不能怕宝宝不老实而用恐怖的表情或语言来吓唬宝宝。此外，还应注意的是，妈妈或爸爸千万不要把工作中产生的不满或怨气发泄在宝宝身上。

* 爸爸妈妈多和宝宝说话

妈妈和爸爸平时要多和宝宝说话，尽量把日常行为都用语言向宝宝表述出来。第6个月的宝宝虽然不会说话，但已初步能够听懂妈妈和爸爸的话。经常和宝宝说话，不仅不会使宝宝感到寂寞，而且可以为宝宝正式开口说话打下很好的基础，促进宝宝的早期智力开发。最重要的是，通过交流，你已经在无形中与宝宝结成了亲密的情结。

让宝宝和爸爸也亲近

妈妈每天与宝宝密切接触，宝宝自然与妈妈很亲切，而爸爸因为工作和在家庭中承担的责任不同，与宝宝显得有点疏远。可以采取哪些措施来加深宝宝和爸爸之间的感情呢?

* 留一些自由空间给爸爸和宝宝

爸爸回家后要多和宝宝接触，与宝宝说话、玩游戏，帮宝宝洗澡、冲奶粉等。刚开始如果宝宝对爸爸较不亲近，爸爸可以和妈妈一起照顾宝宝，比如，妈妈给宝宝洗澡时，爸爸可以帮忙拿东西，同时学着逗乐宝宝。

* 让爸爸和宝宝的身体更亲近一些

购物的时候，让爸爸抱着

宝宝，或爸爸背上一个育儿袋，这样可以让宝宝和爸爸保持身体距离上的亲近。这种身体距离上的亲近可以很自然地拉近他们之间的关系。

给宝宝换衣服也是一个好时机，尤其到了晚上，妈妈感到疲劳快散架的时候，爸爸才显示出自己的优越性。爸爸能够给宝宝洗个澡，把衣服穿得整整齐齐的，然后再带着宝宝出去走走，这时候妈妈可以舒服地打个盹儿，或者从容地做点自己想做的私事。

* 从学习换尿布开始

小宝宝每天需要更换很多次尿布，因此妈妈要善加利用这个机会。一天换几次尿布对于爸爸来说，也是和宝宝建立亲密关系的大好时机。

* 共同分享喂食与哄睡

爸爸也可以在妈妈给宝宝喂奶的时候，参与到照料宝宝的生活中来。如果宝宝是全母乳喂养的，那么爸爸也同样可以参与进来，比如，喂完奶后的安抚、轻拍等动作，就可以交给爸爸去做。爸爸还可以在宝宝吃完奶后，用自己的手指头按摩宝宝的小脚丫，让宝宝享受散步的感觉。

第7章

6～7个月的宝宝

成长发育

生理发育

* 女宝宝

项目	年龄组	下限值	中间值	上限值
身高	6～7月	66.5厘米	68厘米	70.5厘米
体重	6～7月	7.1千克	7.7千克	9.6千克
头围	6～7月	约为43.2厘米	—	—

* 男宝宝

项目	年龄组	下限值	中间值	上限值
身高	6～7月	66.9厘米	71厘米	72.27厘米
体重	6～7月	7.5千克	8.3千克	10.1千克
头围	6～7月	约为44.5厘米	—	—

感觉发育

* 动作发育

7个月的宝宝开始有意向性地做一些动作，会用一只手去拿东西，会把玩具拿起来在手中来回转动，还会把玩具从一只手递到另一只手，或用玩具在桌子上敲着玩，仰卧时会将自己的脚放在嘴里啃。7 个月的宝宝不用人扶便能独立坐上几分钟。

＊听觉发育

7 个月的宝宝虽然对声音有所反应，但还不能准确明白话语的意思。有时候，妈妈会觉得宝宝已经能领悟别人在喊他的名字，那实际上不过是宝宝熟悉妈妈声音的缘故。只有等到宝宝快要进入 11 个月时，宝宝才会对词汇有所理解，并按照理解做出相应的表现，如跟大人说再见。

＊视觉发育

7 个月宝宝的远距离视觉开始会有明显的发育，他能注意远处活动的东西，如天上的飞机、飞鸟等。这时期的宝宝，对于周围环境中鲜艳明亮的活动物体都能引起注意。拿到东西后会翻来覆去地看看、摸摸、摇摇，表现出积极的感知倾向，这是观察的萌芽。这种观察不仅和动作相关，而且可以扩大宝宝认知的范围，引起快乐的情感，对发展语言有很大作用。但是，宝宝的观察往往是不准确的、不完全的，而且不能服从于一定的目的和任务。

心理发育

7 个月的宝宝，对周围环境的兴趣大为提高，喜欢用手指到处捅，也时常用手指捅自己的耳朵、鼻子、嘴和肚脐眼。能注视周围更多的人和物体，随不同的事物表现出不同的表情，会把注意力集中到他感兴趣的事物和颜色鲜艳的玩具上，并采取相应的行动。因此，对 7 个月的宝宝，家人应经常带他到大自然中去走走，可以带他到稍微远离住所的地方，如到花园去看树，看花草，看蝴蝶、蜻蜓、飞蛾、蚂蚁、金鱼等，这些都是宝宝有兴趣观看的对象。

7 个月的宝宝虽然还不会说话，但已经能听懂一些大人简单语言的意思了，如对“不”和不愉快的声音有反应。当大人用语言说到一个常见的物品时，宝宝会用眼睛看或用手指该物品。

这时候的宝宝能更加敏锐地辨认陌生人、辨认陌生的东西和环境，对父母的依恋开始产生，母亲在身边就会感到安全和快乐，陌生人靠近他或抱他，就会哇哇地哭。

认识身体第一个部位

妈妈和宝宝对坐，先指着自己的鼻子说“鼻子”，然后把住宝宝的小手指他的鼻子说“鼻子”。每天重复 1 ～ 2 次。然后抱宝宝对着镜子，把住宝宝的小手指他的鼻子，又指自己的鼻子，重复说“鼻子”，持续 7 ～ 10 天的训练。当妈妈再说“鼻子”时，宝宝就会用小手指自己的鼻子。此刻一定要对宝宝表示赞许和鼓励。

对击玩具

选用不同质地和形状、带响声的玩具，让宝宝一手拿一个。如左手拿块方木，右手拿带响的塑料玩具，示范和鼓励宝宝对敲。随之可更换不同质地和不同形状的玩具，鼓励他继续对敲，既有响声，手又会接触到不同质地和形状的玩具，促进其感知能力的发展。

爬行训练

7 个月的宝宝，已经完全掌握“爬”这项活动的技巧了，妈妈可以根据宝宝的这一特点，对宝宝进行训练。让宝宝从匍行转到爬行，腹部逐渐离开床面，并用手臂转圈或后退。可将玩具或食物放在不同的位置上，让宝宝爬着去够，用毛巾提起宝宝腹部，练习手膝的支撑力。

连续翻滚训练

宝宝学会从俯卧转到仰卧，再从仰卧转到俯卧，再从俯卧转到仰卧，常常为够取远处的玩具而继续翻滚，从大床的一头翻到另一头去取玩具，这是第 7 个月出现的特殊能力。训练连续翻滚可以加强宝宝身体的灵活性与协调能力。

挥手

经常将宝宝右手举起，并不断挥动，让宝宝学习“再见”动作。大人离家时要对宝宝挥手，并说“再见”。反复练习，让宝宝领会简单动作所表示的意义。

练习捏叫

在宝宝面前放一件拖拉玩具，妈妈说：“这玩具真好玩，我们把它拉过来吧！”开始妈妈可扶着宝宝一起拉过来，接着再鼓励宝宝用拇指、食指去捏取线，帮助宝宝拖拉玩具。也可用软塑料玩具在宝宝面前一捏一叫，鼓励宝宝自己去把玩具捏出叫声。

宝贝儿，摇一摇——练习转动手腕

* 游戏目的

1 发展手部运动机能：六七个月的宝宝手指已经很灵活了，这时需要给他提供练习转动手指的机会。

2 促进思维发展：宝宝摇晃玩具使其发出不同的声音，重复的动作可以增强因果意识，同时，也表现出宝宝不断增强的节奏感。

* 游戏方法

1 妈妈拿自制的沙球摇晃，使之发出声音。

2 鼓励宝宝抓握住沙球摇晃，什么方式都无所谓，只要宝宝喜欢。

3 宝宝如果能摇响沙球，妈妈就好好赞赏他一下：“听，多好听的声音，宝宝真棒呀！”

要确保瓶口是封好的，以免宝宝误食里面的小东西发生危险。玩时一定要有家人在旁边看护。

压路机——促进协调能力

* 游戏目的

1 发展触觉：这个游戏能强化宝宝各部位触觉和大脑的协调能力。

2 发展社会适应能力：宝宝若能愉快地接受压力的挑战，是一种良好的心理素质。

* 游戏方法

1 让宝宝轻松地仰卧或俯卧，妈妈用大龙球轻压他的胸部、腹部、背部或四肢，或者让大龙球在他身上滚动。较敏感的宝宝比较能接受背部被压。

2 妈妈也可轻压宝宝的四肢关节，特别是腿至脚踝等关节。

3 也可在宝宝身上加条毛巾，只将大龙球充一半的气，这样更能感受重力，对宝宝前庭的触觉协调具有特殊效用。

4 等到宝宝大点了，妈妈可以和宝宝替换一下角色，让宝宝来给妈妈做一做“压路机”，妈妈也体验一下舒服的按摩。

TIPS

个别触觉敏感的宝宝对这个游戏有恐惧心理，加上大球在视觉上的压力，让宝宝感觉到紧张，可以先从小球开始。

给宝宝讲故事

* 给宝宝讲故事的好处

7 个月的宝宝虽然不会说话，但是宝宝可以听有简单情节的故事了，宝宝听到故事里的紧张情节的时候，面部有紧张的表情，听到伤心处会哭丧着脸，听到快乐处也会跟着快乐。宝宝的面部表情会随着情节而变化，所以妈妈应该多给宝宝讲故事，培养宝宝的语言能力和辨别情感的能力。

* 给宝宝讲故事的方法

1 故事的选题要好。几乎每个成年人都能记起孩提时代最令人难忘的故事，所以形象、生动、活泼的故事可提高宝宝的兴致，宝宝喜欢听，也记得住。尽管不同的时代都有不同的故事，但古今中外著名的童话故事仍然在教育着一代又一代的少年朋友。妈妈可以选购几本宝宝故事书。宝宝故事要求内容健康向上，具有趣味性，语言生动形象，贴近宝宝生活，富有生活哲理。

2 边讲故事边发问。在讲故事过程中，可以插入几个小问题。虽然宝宝现在还不能回答，但这种边讲故事边发问的方法，可使故事更生动形象，还可锻炼宝宝的记忆力和语言能力，以及锻炼宝宝的想象力和创造力。

3 讲故事时间不宜太长。讲故事可以随时随地，但每次讲故事的时间不要太长。不要讲一些容易使宝宝害怕的鬼怪故事，尤其是在晚上宝宝入睡前，不要讲惊险、刺激的故事。

另外，给宝宝讲故事时，妈妈要保持温柔的语调，不要使用粗俗的语言，即使是“坏人”也不可使用骂人的脏话，以免污染宝宝圣洁的心灵。

不要指责宝宝的“黏人”行为

＊“黏人”不是坏习惯

有一些家庭把宝宝“黏人”视为缺点。专家为此特别指出，低幼龄儿童的“黏人”现象不仅不是坏习惯，适当“黏人”还直接有利于宝宝将来的沟通和交流。

6 个月至一岁半的宝宝多数会对父母产生依恋感。如果到了这个年龄的宝宝，还没有对家人产生依恋感的话，会给宝宝未来的生活造成阴影。

有些父母还引以为荣，认为自己生了个不会“黏人”、大大方方的好宝宝。殊不知，家庭才是最能够给每个宝宝温暖和自信心的地方，而提供这些力量的就是宝宝和父母之间温暖、密切、持续不断的亲情。适度的依恋也就是“黏人”现象，不仅可以促使宝宝得到情感满足，还可让宝宝享受愉悦。适度的依恋，有助于宝宝建立个人的信赖度和自我信任感，成年后能够成功地与伴侣、后代和睦相处。

＊针对较“黏人”的宝宝

1 建立自己坚定应对的心态，当你与宝宝分离时，要清楚地让宝宝知道你并不是不爱他，而是现在不能和他玩，或有充分理由必须离开。不要因为宝宝哭闹就心疼放弃。

2 试着向宝宝诉说自己正要去忙的事，虽然只是 1 岁大的宝宝，但如果常和他说话，他会明白你的意思。

3 以游戏方式进行渐进式的分离。

4 不要因宝宝黏你而训斥他。

5 不要吓宝宝说外面的人都是可怕的坏人、魔鬼或大野狼。

全家一起出游

家庭的一些很珍贵的回忆都是在旅行中发生的，而且呼吸郊外的新鲜空气，让宝宝有机会在游玩中发现新鲜事物，得到成长的经验或生活的启示，对宝宝的身心健康有帮助。

全家人一起出游，可以让宝宝感觉到家的幸福。尽管带小宝宝出游是很辛苦的事，但只要在旅行前充分作好预算，并事先安排好一切，旅行是可以轻松有趣的。

* 拟订周详的计划

在外出的两个星期之前，一定要根据宝宝的实际情况拟订一个翔实的外出计划。如出游安排的时间、地点、安全事项等。

时间

一般情况下，0 ~ 3 岁的宝宝应选择比较近的旅游线路，可以选择乘车 4 小时以内就能到达的景点。需要注意的是，对于 1 ~ 2 岁的宝宝，在外逗留的时间以不超过 2 小时为宜。

地点

宝宝出游，不同于成人旅游，要根据自家宝宝的特点，选择适合他，并让他感兴趣的旅游点，如动物园、植物园、海滨等。

* 作好充分的准备

外出前让宝宝睡一个好觉，游玩时以宝宝玩得兴奋但不感到倦怠、厌烦为限度。

必备物品

换尿布可躺的垫子或塑胶尿布、一次性尿片、婴儿卫生纸、装脏尿布的塑料袋、毛巾、防虫药膏、湿纸巾等。

必带食品

用保温瓶装好的冷、热水，以备冲泡奶粉，奶瓶和牛奶或其他婴儿食品饮料（最好是果汁）、勺和围嘴等。

必带玩具

多带几件宝宝喜爱的玩具，在宝宝哭闹或因长时间坐车而感到不耐烦时，妈妈可用玩具转移宝宝的注意力。

最后，千万不要忘记为宝宝带上他的常用药品，如感冒药、止泻药、止咳药等，最好还能带上宝宝的病历，以便在外就医。

第  8 章

7~8个月的宝宝

生理发育

* 女宝宝

项目	年龄组	下限值	中间值	上限值
身高	7～8月	67.43 厘米	70.1 厘米	72.05 厘米
体重	7～8月	7.59 千克	8.5 千克	9.45 千克
头围	7～8月	约为 43.8 厘米	—	—

* 男宝宝

项目	年龄组	下限值	中间值	上限值
身高	7～8月	69.09 厘米	71.5 厘米	73.73 厘米
体重	7～8月	8.15 千克	9.1 千克	10.01 千克
头围	7～8月	约为 44 厘米	—	—

感觉发育

* 动作发育

8 个月宝宝的手指灵活多了，此前如果他手里有一件东西，你再递给他一件，他会把手里的扔掉，再接新递过来的东西。现在他不会扔了，他会用另一只手去接，这样可以一只手拿一件，两件东西都可摇晃，相互敲打。

这时宝宝的手喜欢攥东西，而且攥住什么就不轻易放手，妈妈抱着他时，他就攥住妈妈的头发、衣带。对宝宝的这一特点，妈妈可以给他一件适合他攥住的玩具。另外，他也喜欢用手捅，妈妈抱着他时，他会用手捅妈妈的嘴、鼻子。

此时的宝宝也喜欢摸摸东西、敲敲打打各种玩具，他会把拿到手的东西放到嘴里啃。

＊听觉发育

8 个月的宝宝对于话语的了解兴趣一周比一周浓厚。当他首次了解话语的时候，他在这段时间内的行为会顺从。慢慢地，妈妈叫他的名字他就会反应出来；妈妈要他给妈妈一个飞吻，他会遵照妈妈的要求表演一次飞吻；妈妈叫他不要做某件事情，或把物体拿回去，他都会照妈妈的吩咐去办。

另外，此时的宝宝已能把语言和物品联系起来，所以妈妈可以教他认识更多的事物。妈妈可以让宝宝通过摸、看或尝等方式，认识更多的事物。

＊视觉发育

8 个月的宝宝有一个十分显著的表现行为，那就是四处观望。他们会东瞧瞧、西望望，似乎永远也不会疲劳。专家们发现，宝宝只花费很少时间来探望自己的妈妈或其他的主要照顾者，而会对一些物体频繁地探望。他们会向窗外探望，会向远方正在游戏的宝宝们探望。8 ~ 36 个月大的宝宝，会把 20% 的非睡觉时间用在一会儿探望这个物体，一会儿又探望那个物体上。

心理发育

8 个月的宝宝看见熟人会用笑来表示认识他们；看见亲人或看护他的人便要求抱；如果把他喜欢的玩具拿走，他会哭闹；对新鲜的事情会感到惊奇和兴奋；从镜子里看见自己，会到镜子后边去寻找，有时还会对着镜子亲吻自己的笑脸。

宝宝若见到生人，往往用眼睛盯着他，怕被他抱走，感到不安和恐惧。对 8 个月的宝宝来说，这是一种正常的心理应激反应，说明宝宝对亲人、熟人与生人能准确、敏锐地分辨清楚。为了宝宝的心理健康发展，妈妈不要让陌生人突然靠近宝宝、抱走宝宝，也不要在生人面前随便离开宝宝，以免使宝宝不安。

怯生是宝宝心理发展的自然阶段，一般在短时间内可自然消失。对于宝宝的怯生，可以在教育方式上加以注意，如经常带宝宝逛大街、上公园，还可以听收音机、看电视等，这样可使宝宝怯生的程度减轻。总之，父母要扩大他的接触面，尊重他的个性，不要过度呵护，这样可以培养宝宝勇敢、自信、开朗、友善、富有同情心的良好心理素质。

让宝宝模仿

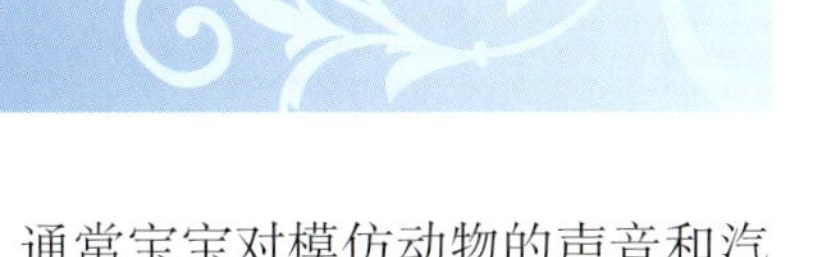

在宝宝很小的时候，父母须指导宝宝发音和模仿各种声音。通常宝宝对模仿动物的声音和汽车、火车的声音很感兴趣，因而要先教宝宝模仿这些声音，如小猫的“喵喵”、汽车的“滴滴”等。有时还可以配上相应的动作和手势，如打鼓、吹喇叭等，用以激起宝宝模仿的兴趣。如果宝宝发错了音，应及时纠正，不要批评，就某一发音进行反复多次校正强化，直到发音正确为止。

点头谢谢

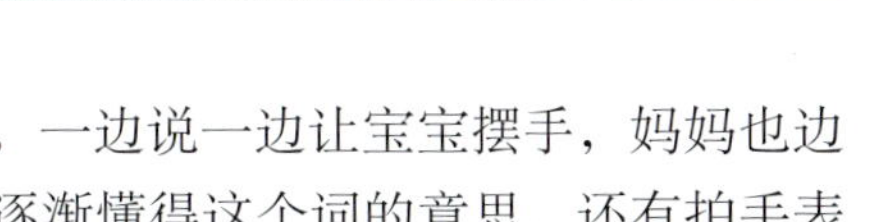

宝宝开始用动作表达意思通常在 7 ～ 8 个月，如说再见，一边说一边让宝宝摆手，妈妈也边说再见边向他摆手，使宝宝把摆手的动作与再见联系起来，逐渐懂得这个词的意思。还有拍手表示欢迎、点头表示谢谢等，训练宝宝按照家长的话做出相应的动作，加深宝宝对语言的理解。

学打拍子

妈妈在听音乐时，随便拿起一件东西按节拍敲打，给宝宝一件能敲打的东西，如果他打得不对，妈妈可以拉着他的小手一起打，打顺手了就轻轻地放手，观察他是否会按着节拍敲打。妈妈示范先敲单拍 1 下，再逐渐增加变成拍 2 下、拍 3 下、拍 4 下，看宝宝能否跟上。这样可以培养宝宝的听觉能力和肢体的协调能力。

宝宝相册——促进情感开发

* 游戏目的

1 发展视觉：满足宝宝对人的面孔的喜爱，增强宝宝视觉的记忆力和视觉分辨力。

2 情感开发：当家长不在时，对宝宝来说，相册可作为临时替代物，可以建立起与家长之间的安全的依恋关系。

* 游戏方法

1 把爸爸、妈妈和其他家人的照片分别插到一本小的活页相册里，与宝宝一起翻看，并指给他看，告诉他“这是爸爸”“这是妈妈”等。

2 当家长不在家时，把相册拿给宝宝，让他自己翻看，在宝宝进入“陌生人焦虑症”阶段时，这是个有益的“玩具”。

制作的宝宝相册应小到能让宝宝抓住、玩耍。

斗斗飞——锻炼手指小肌肉群的灵活性

* 游戏目的

1 发展手部动作：这个游戏可以锻炼宝宝手指小肌肉群的灵活性，锻炼手眼协调的能力。

2 情感开发：坐在家长温暖的怀里，边听着乐曲边做游戏，能愉悦宝宝的情绪，增进亲子间的感情。

* 游戏方法

1 让宝宝背靠妈妈怀里坐着，妈妈用两手分别拿着宝宝的双手，用食指和拇指抓住他的食指，教他把两食指尖靠拢又分开。

2 边唱儿歌边随节奏做动作："鸡鸡斗，扑棱飞，斗斗斗斗飞"，到"飞"时，两食指分开。

3 换成其他的手指重复游戏。

TIPS

如果宝宝有主动做的意向，妈妈可随着他的感觉把儿歌拉长声音来唱，宝宝会觉得很有成就感，以后等妈妈说"斗斗飞"时，宝宝就会自己做对点手指的动作了。

学会对宝宝的行为说“不”

作为全家的宠爱中心，宝宝无论做什么都会被父母欣然接受。到了这个月龄，宝宝只有通过妈妈严厉的表情和坚决地说出“不行”、“不准”等表示禁止的语句，才能了解到，世界上还有不能做的事情。

比如，宝宝在家里兴奋地到处爬，发现火炉稀奇就想摸一摸……突然听到妈妈一声断喝：“不行，很烫！”吓得一哆嗦，慌忙地缩回正要靠近炉火的小手，然后会很诧异地看着妈妈。

制止了宝宝的手上动作不至于被烫伤的，并不是“不行”这句话，而是语调一反常态的气氛。因为宝宝并不能理解“不行”这句话的意思，但妈妈的语气传达了制止宝宝行为的阻力。

要制止宝宝做的事，必须严厉，如果不是非做不可，当然妈妈们不会说。临到出危险之前一声喝止，会吓得宝宝哭起来，此时，妈妈可以抱起宝宝，等到宝宝平静下来以后，拉着他的小手靠近火炉感受热度，对宝宝说：“看，很烫吧？不小心被烫到会很痛喔！”

虽然有时候危险要实际经历才了解到可怕性，但及时用语言传达出禁止的信息，也会让宝宝了解到世界上存在着各种被禁止的危险事物。

随着宝宝的逐步成长，以社会的各种规范为基础的被禁止行为越来越多，这个时期，应当让宝宝开始认识到一些被禁止做的事。

帮宝宝多找小伙伴

* 宝宝的成长需要小伙伴

宝宝要有自己的小伙伴，小伙伴之间的教育，是其他任何教育所不能替代的。

1 伙伴可以让宝宝学会人际交往。人际交往的技巧是一步一步从小培养出来的，小时候比较畏缩、怕与人交往、易怒的宝宝，长大以后很容易维持这些特征。

2 伙伴可以让宝宝性格开朗。宝宝与外界接触少，家中又没有小伙伴可以玩，只能跟玩具、电视玩。久而久之，就会使宝宝性格孤僻。

* 父母要引导宝宝和小伙伴交往

妈妈可以有目的地让小宝宝在同龄小伙伴间做“交朋友”的游戏，一边唱儿歌“找啊找啊找朋友，找到一个好朋友”，一边按儿歌内容做动作。让宝宝多与同伴交往，帮助他克服怯生、焦虑的情绪，引导他正确地表达感情。如果宝宝抓别人的脸或抢别人的玩具时，要制止他。

教宝宝懂礼貌，讲文明

* 培养宝宝身体语言的必要

从上个月开始就强调要培养宝宝的身体语言，妈妈与宝宝可通过手语进行交流。培养宝宝身体语言可使宝宝语言范围更加广泛，理解能力也大大提高。那么，这个月妈妈可教宝宝一些礼貌用语和动作，来尽早开发宝宝语言与动作的联系表述能力，尽早培养出一个可爱、懂事、有礼貌的宝宝。同时，宝宝的表现也能给大人的日常生活带来乐趣。

* 这样教宝宝礼貌用语和动作

爸爸给宝宝玩具或东西吃时，妈妈在一旁讲“谢谢”，帮助宝宝将两手握拳对起，然后不断地摇动，学做“谢谢”的动作。每次给宝宝食品或玩具时，先让他拱手表示谢谢，然后再给他，反复练习。

经常将宝宝的右手举起，并不断挥动，让宝宝学习“再见”的动作。大人离家时要对宝宝挥手，并说“再见”，反复练习。

妈妈唱一首拍手歌，使宝宝愉快地拍手。接着妈妈也拍手表示高兴，说“欢迎”，并扶着宝宝的双手模仿拍手动作。

陪宝宝搭积木

* 妈妈与宝宝一起搭积木

搭积木对于培养宝宝的空间想象能力和现实生活中的数学概念大有益处。宝宝在玩的过程中，集中性地提高了手眼协调性、抓握能力和搭高物品的能力。

妈妈先要给宝宝正确地示范，搭 2 ～ 4 块积木，让宝宝模仿着搭。在搭的过程中，宝宝每加一块都要夸奖他，用激励的语言让他爱上搭积木。

先用大积木垫底，再依次用较小的积木，以保证宝宝容易搭成功。这样宝宝在成功中体验到了快乐。如果宝宝不感兴趣，妈妈可先搭 2 ～ 3 块积木，只让他搭最后一块，必要时手把手地教他搭，搭好后，立刻表扬他，并可让他推倒，作为鼓励。妈妈也可以先手把手地教他，然后换成语言指导。

在宝宝学会搭 3 ～ 4 块积木后，要及时巩固成果，保持兴趣是很关键的，而良好的兴趣是可以正确培养的。一定要变换方式让宝宝愿意继续玩。

* 让宝宝收拾积市，培养好习惯

习惯是陪伴宝宝一生的，特别像搭积木这样运用比较多的玩具，一定要注意培养宝宝自觉收拾积木的良好习惯。即使宝宝的动作很慢，爸爸妈妈也一定要耐心地等着宝宝自己收拾完，哪怕是只收拾了一点点，也要表扬一下。经过多次的强化以后，宝宝就知道了做任何一件事情都要有头有尾。

第9章

8~9个月的宝宝

生理发育

* 女宝宝

项目	年龄组	下限值	中间值	上限值
身高	8～9月	68.68 厘米	70.5 厘米	73.48 厘米
体重	8～9月	7.82 千克	8.5 千克	9.6 千克
头围	8～9月	约为 44.47 厘米	—	—

* 男宝宝

项目	年龄组	下限值	中间值	上限值
身高	8～9月	70.13 厘米	72.5 厘米	74.69 厘米
体重	8～9月	8.3 千克	9.3 千克	10.2 千克
头围	8～9月	约为 44.67 厘米	—	—

感觉发育

* 动作发育

9个月的宝宝能够坐得很稳；能由卧位坐起，而后再躺下；能够灵活地前爬、后爬；能扶着床栏杆站着，并扶床栏站立，甚至行走；会抱娃娃、折娃娃，模仿成人的动作；双手会灵活地敲积木，会把一块积木搭在另一块积木上，或用

瓶盖去盖瓶子口。

另外，这个时期的宝宝大多数正是生长牙齿的时候。由于生长牙齿的关系，这个阶段的宝宝都喜欢把物体往嘴里塞，这会对宝宝的安全产生不良的影响，妈妈应注意制止。

＊ 听觉发育

9 个月的宝宝虽然还不会说话，但已经能听懂一些大人简单语言的意思，对大人发出的声音能做应答。当妈妈用语言说到一个常见的物品时，宝宝会用眼睛看或用手指该物品。这是由于妈妈平常不断地用语言对宝宝生活的环境和接触的事物进行描述，慢慢地宝宝就熟悉了这些声音，并开始把这些声音与当时能够感觉到的事物联系起来。也就是说，宝宝能够把感知的物体和动作、语言建立起联系。

＊ 视觉发育

9 个月大的宝宝仍是探索家。他想明白每件事情，想摸索每件事物，而且想把每件物体都送到嘴里去吮食一番。只要是准许宝宝接近的地方，我们都会发现宝宝很认真地表演他的探索工作。这个时期的宝宝，只要是他视力所及的范围的任何东西，他都想去摸摸。

心理发育

9 个月的宝宝知道自己的名字，叫他名字时他会答应。如果他想拿某种东西，父母严厉地说：“不能动！”他会立即缩回手来，停止行动。这表明，9 个月的宝宝已经开始懂得简单的语意了，这时妈妈和他说“再见”，他也会向妈妈摆摆手；给他不喜欢的东西，他会摇摇头；玩得高兴时，他会“咯咯”地笑，并且手舞足蹈，表现得非常欢快活泼。

9 个月的宝宝在心理要求上丰富了许多，喜欢翻转起身，能爬行走动，扶着床边栏杆站得很稳；喜欢和小朋友或大人做一些合作性的游戏；喜欢照镜子观察自己；喜欢观察物体的不同形态和构造；喜欢父母对他的语言及动作技能给予表扬和称赞；喜欢用拍手欢迎、招手再见的方式与周围人交往。

9 个月的宝宝还喜欢别人称赞他，这是因为他的语言行为和情绪都有所发展，能听懂妈妈经常说的表扬类的词句，因而作出相应的反应。

另外，当宝宝为家人表演游戏，大人的喝彩、称赞声，都会使他高兴地重复他的表演，这也是宝宝内心体验成功与欢乐情绪的体现。对宝宝的鼓励不要吝啬，要用丰富的语言和表情，由衷地表示喝彩、兴奋，可用拍手、竖起大拇指等动作表示赞许。大家一齐称赞的气氛会促使宝宝健康成长。这也是心理学所讲的“正强化”教育方法之一。

念儿歌，讲故事

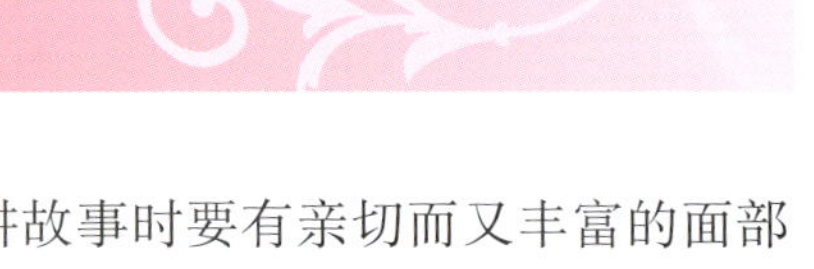

1 岁内的宝宝喜欢有韵律的声音和欢快的节奏，念儿歌、讲故事时要有亲切而又丰富的面部表情、声音、口型和动作，尽管他还不太懂儿歌和故事中表达的意思。妈妈给宝宝念的儿歌应短小、朗朗上口。每晚睡前给宝宝读一个简短的故事，最好一字不差，一个故事记住了，再换别的故事，以便激发宝宝听故事的兴趣。

训练宝宝站立、坐下

让宝宝从卧位拉着东西或牵一只手站起来。在站位时，妈妈用玩具逗引他坚持 3 ～ 5 分钟，扶住双手慢慢地坐下。扶站比坐下容易，几分钟后，大人要帮助宝宝扶坐，以免宝宝疲劳。这样可以锻炼宝宝双腿的肌肉，训练宝宝身体的平衡性。

让宝宝仰卧或俯卧，用语言、动作示意他坐起来，或用玩具、食品逗引他坐起来，再扶起宝宝的手，鼓励宝宝迈步。此时要表扬宝宝，让宝宝高兴，使身体平衡和协调能力进一步发展。

养成母婴分床睡的习惯

跟宝宝分床睡，这问题看似很小，但确实让不少父母伤透脑筋。宝宝跟妈妈睡，能使妈妈与宝宝更亲近，方便喂奶，减轻妈妈夜间育儿的麻烦和宝宝的恐惧，但母婴同床睡眠也存在不少弊端。

例如，夜间同呼吸、共吸氧，成人的肺活量要比宝宝大得多，大量的氧气被大人夺去；相反，大人呼出的二氧化碳等废气却被宝宝吸入，宝宝可能整夜处于供氧不足、二氧化碳弥留的小环境里，使脑组织的新陈代谢受到影响，对宝宝的发育极为不利。

另外，无论是大人还是宝宝，夜里都会翻身数次，同床睡势必互相影响，宝宝甚至有被大人压到的危险。

所以，建议最好在宝宝3岁之前与父母分床睡。母婴分床睡不仅对宝宝健康有利，还能培养宝宝的适应能力和独立性。

培养宝宝的幽默感

宝宝9个月的时候，幽默感开始出现了，宝宝会逐渐理解幽默的含义。培养宝宝的幽默感对将来宝宝的社会交际能力有很大的帮助，妈妈应从小开始培养。

1 父母的鬼脸、可笑的声音会让宝宝觉得有趣，并兴奋起来。当父母发出有趣的声音，父母的情感电波会传递给宝宝，宝宝会因此感到安全和满足，会手舞足蹈地笑。

2 模仿让宝宝感到有趣的动作，例如，把一张小毯子遮在头上学青蛙跳，然后把毯子从头上揭开。

一个认同并支持幽默的家庭环境对培养宝宝的幽默感是很重要的。妈妈要了解自己的宝宝，不要轻视那些让他开怀大笑的傻事，用心地扮演好一个“大傻”，从宝宝出生起就培养他的幽默感。

纸盒里的秘密——发展手眼协调能力

＊游戏目的

1 发展手眼协调能力：这个游戏可以锻炼宝宝用手向外抽的技能，同时拉扯时不断出现的色彩变化，可以愉悦宝宝的视觉神经。

2 开发探索精神："下面又会是什么宝贝呢？"这种诱惑促使宝宝继续拉下去，一个个结果的不断呈现，令宝宝兴奋不已。

＊游戏方法

1 宝宝很喜欢把面巾纸从盒子里抽出来。妈妈可以用布或小纱巾代替面巾纸，让宝宝玩。这样不但可以避免浪费，重复地玩也会令宝宝得到满足。

2 妈妈找来各种颜色的小丝巾打结，连成一长串，然后放入用完的面巾纸盒内，留一端在外。

3 让宝宝自己拿露出的一端不断地抽拉出来。

TIPS

妈妈在打结时尽可能将不同的颜色交叉，如一条红色、一条黄色，使对比强烈些。还可在打结时捆绑上不同的玩具，让宝宝拉出更多的"惊喜"。

铃铛袜子——理解事物的因果关系

＊游戏目的

1 发展运动机能：自由地动动小腿，踢踢小脚，宝宝的肌肉和骨骼会得到很好的拉伸，且能锻炼腿部肌肉，为学走路作足准备。

2 理解事物的因果关系：踢动有铃铛的一只脚，就会发出声音。宝宝可以从中学习到自己有意识地做某件事情时周围的反应，这是宝宝智力发展的第一步。

＊游戏方法

1 让宝宝舒服地仰躺在小床上。

2 妈妈将有铃铛的一只小袜子套在宝宝的一只小脚上，鼓励宝宝踢踢腿、蹬蹬脚。当宝宝对发出的铃声有反应时，妈妈微笑着对宝宝说："有没有听到'铃铃'的声音呢？"慢慢地宝宝就会主动地踢动小腿了，以发出声音为乐。

3 把铃铛袜子换到另一只脚上踢踢看。当宝宝发现踢动穿着铃铛的小脚才有铃声时，宝宝会踢得更加起劲。

TIPS

选择的铃铛不要过大，否则会让宝宝感觉沉重，踢起来不舒服。

养出一个讲道理的好宝宝

*父母的言行都在影响宝宝

一个宝宝在出生后的第 6 个月就会有选择性地微笑。8 个月时会害怕陌生人，与妈妈短暂分离时会变得焦躁不安，这表示宝宝在这一时期已经有了一定的心理活动。宝宝对父母在感情上的依赖贯穿于他早期的全部生活，父母的一言一行都对宝宝有着潜在的影响。

9 个月宝宝的记忆力、想像力、思考能力逐步形成雏形，对事物好奇心增强，模仿能力迅速增长，已经初步具备喜、怒、哀、乐的情感活动。这一时期，宝宝如能得到正确的引导，会对他形成良好的道德素质有极大的帮助。

*父母要正确地引导宝宝

1 宝宝没有辨别事物对错的能力，因此父母要逐一地告诉宝宝什么是对的，什么是错的。要鼓励宝宝去探索，做对的要给予言语的鼓励。

2 对宝宝合理的要求要尽量去满足，对不合理的要求要讲明道理，坚决拒绝。一切顺从宝宝的意愿、溺爱或粗暴苛求都会对宝宝的心理发育产生不良影响。

3 要对宝宝耐心地讲道理，虽然宝宝对父母讲的道理可能不甚明了，但长此以往，宝宝就会逐步明白这些道理。遇事给宝宝讲道理，对培养宝宝有一个平和的心态很有好处，在宝宝长大后，他也会以讲道理的方式去处理问题。

宝宝怕生很正常

宝宝一般从 4 个月起就能认妈妈了，6 个月开始认生，8~12 个月认生达到高峰，以后逐渐减弱。有些父母会认为自己的宝宝没出息，其实认生是宝宝发育过程中的一种社会化表现。认生程度与宝宝的先天素质有关。

有些较独特的宝宝喜欢接近新鲜事物，并且可以很快地适应新环境，这类宝宝很可能就不会显示出“陌生反应”，而有一些宝宝要做到这一点却很难。因为这些宝宝天生会对新事物产生一

种陌生感和畏惧感，必须要经过一段时间去适应。这些宝宝可能对陌生人有很强烈的反应，并且会以哭喊来表达，妈妈应给予理解。

妈妈可以通过这个机会训练宝宝，让宝宝逐渐形成与人沟通，适应新事物、新环境的能力。

* 宝宝认生，应积极引导

对于认生程度重的宝宝，父母应积极引导。

1 创造一个温馨祥和的家庭气氛，让宝宝自由自在地生活，并让宝宝有充分的发挥余地。

2 平时，处处注意培养宝宝的独立性、坚强的毅力和良好的生活习惯，鼓励宝宝去做力所能及的事情。当宝宝遇到困难时，不要一味包办，而要让他自己想办法解决。

3 鼓励宝宝与人接触交往。要让宝宝和同龄伙伴多接触，有意识地邀请一些小朋友到家中来，让宝宝做小主人。平时注意帮助宝宝结交新朋友。

4 父母端正教育态度，从思想上认识对宝宝的溺爱、娇宠，只会造成宝宝怯懦、任性的性格。父母要树立起纠正宝宝怯懦性格的信心，要认识到只有教育得当，才能使年幼的宝宝得到健康的发展。

第10章

9～10个月的宝宝

生理发育

* 女宝宝

项目	年龄组	下限值	中间值	上限值
身高	9～10月	70.4 厘米	72.5 厘米	74.96 厘米
体重	9～10月	8.01 千克	9 千克	9.87 千克
头围	9～10月	约为 45.14 厘米	—	—

* 男宝宝

项目	年龄组	下限值	中间值	上限值
身高	9～10月	71.29 厘米	74 厘米	76.21 厘米
体重	9～10月	8.56 千克	9.4 千克	10.38 千克
头围	9～10月	约为 45.32 厘米	—	—

感觉发育

* 动作发育

10个月的宝宝能稳坐较长的时间，能自由地爬到想去的地方，能扶着东西站得很稳。拇指和食指能协调地拿起小的东西，会做招手、摆手等动作。

另外，10个月的宝宝还不能意识到自己身体的存在，他会咬自己的手指，并因为咬痛

了而放声大哭。但这一咬倒很有作用，宝宝感觉到咬自己的手指和咬别的东西在感觉上不一样，从而形成了最初的自我意识。

* 语言发育

这个时期的宝宝能模仿大人的声音说话，说一些简单的词。10个月的宝宝已经能够理解一些简单且常用词语的意思，并会一些表示词义的动作。

* 记忆能力发育

10个月的宝宝开始有明显的记忆能力，能认识自己的玩具、衣物，还能指出鼻子、眼睛、脑袋、胳膊等自己身上的器官或部位。一些宝宝还会有回忆能力，能记起自己非常喜爱的玩具或游戏等。尽管此时的宝宝已有记忆、回忆能力，但记忆保持的时间很短，只有短短的几天，时间一长就会忘记。

宝宝的记忆能力与后天的培养训练有很大的关系，受过良好训练的宝宝记忆力就强很多，所以父母要抓住这段关键时期，对宝宝进行记忆培养。另外，宝宝的记忆能力和兴趣也有很大的关系，对于自己感兴趣的东西，宝宝会很容易记住，否则就很容易遗忘。

心理发育

10个月的宝宝喜欢模仿着叫妈妈，也开始迈步学走路了，他们喜欢东瞧瞧、西看看，好像在探索周围的环境。在玩的过程中，宝宝还喜欢把小手放进带孔的玩具中，并把一件玩具装进另一件玩具中。

10个月后的宝宝在体格生长上比以前慢一点儿，因此食欲也会稍微下降一些，这是正常生理过程，做父母的不必担心。吃饭时千万不要强喂硬塞，若硬让宝宝吃，会造成逆反心理，产生厌食。

这个阶段的宝宝是最喜欢模仿大人说话的，父母应抓住这一时期多进行语言教育。父母此时要对宝宝多说话，内容是与他生活密切相关的短语。如周围亲人、食物、玩具名称和日常生活动作等用语。注意不要教宝宝儿语，要用正规的语言教他。当宝宝用手势指点要东西时，尽量教他发音，用语言代替手势。在学习的过程中，要让宝宝保持愉快的心情，心理上愉悦健康的宝宝学东西会很快。

训练宝宝说话

10个月大的宝宝在大人有意识的引导下，会有意识地说出一些简单的词语来，如“爸爸”、“妈妈”、“坐”、“拿”等。家长应该抓紧时间对宝宝进行培养，让宝宝练习模仿发音，训练宝宝早说话。

练习模仿发音，可扩大范围，应包括人称、物品名称、人的五官及简单的动词等，使宝宝除主动会叫“爸爸”、“妈妈”之外，还能说其他的词，模仿大人说话的发音。

训练宝宝收拾玩具

在训练宝宝放下、投入的基础上，妈妈把宝宝的玩具一件一件地放进“百宝箱”里，边做边说“放进去”。然后再一件件地拿出来，让宝宝模仿。这时妈妈要指定宝宝从一大堆玩具中挑出一个(如让他把小猫玩具拿出来)，每日练习1～2次。这样可以促进宝宝的手、眼、脑协调发展，还可以增强宝宝的认知能力。

妈妈引导宝宝迈步

把宝宝放在有围栏的地方，在围栏上方挂满他爱玩的玩具，宝宝会为了抓取玩具而扶着栏杆站起来，而且还会挪动脚步。起初，宝宝可能会掌握不了平衡而突然蹲下，妈妈可不要心软去扶他，这样宝宝才能有机会再次站起来。经过多次锻炼后，宝宝一定能够站稳的，还可以塑造宝宝坚强独立的性格。

妈妈可以用双手扶着宝宝的腋下，让宝宝走；也可以用一根很粗的带子裹在宝宝的腋下，牵拉着带子，以防宝宝摔倒。

妈妈将宝宝放在高度适中的桌子或茶几前，将他喜欢的玩具放在上面，让他站着玩玩具，借此训练他的耐力及稳定性。

观察宝宝适应性强弱

1 旁边多了新玩具时，宝宝很快会注意到它，还是需经过一段时间，才会接受新玩具的存在？

2 变换睡眠环境。譬如，婴儿床摆放的位置由爸爸妈妈的房间变成婴儿房，宝宝会不会不容易睡着？

3 在陌生环境下，宝宝是否要花一段时间才能适应，且身边一定要有爸爸或妈妈陪伴？

4 换不同品牌的奶粉时，是否需要很长时间才能接受？

5 换不同品牌的纸尿裤时，很快接受还是需要一段时间才能接受？

6 换新保姆后，会不会有长期哭闹的不适应症状？

根据以上几种情况，可初步判定宝宝适应性是强还是弱，并根据具体情况有针对性地教养。

递东西给别人

让宝宝从盘子内拿一个橘子给爸爸，拿一个橘子给妈妈，自己再拿一个。有时宝宝舍不得把第一个分给别人，可以把次序倒过来，先自己拿一个，然后再分给别人。有过多次练习后，可以递一个橘子给爷爷，再递一个橘子给奶奶，最后让宝宝递橘子给客人。经常让宝宝给客人递食物就会让他养成与人分享东西的好习惯。练习递东西给别人，一来学会与人分享，养成不自私的品行；二来学会给人递东西是当助手的基本功，以后大人做事时能与大人配合，学会当助手。

跑气的气球——发展触觉

* 游戏目的

1 发展触觉：气流和水一样是无形的、易变换的，这种触觉刺激会给宝宝带来别样的感觉，能增强宝宝皮肤的适应能力。

2 促进社会适应性：这个游戏可以帮助宝宝认知自己的身体，理解因果关系，帮助宝宝消除对未知世界的恐惧感。

* 游戏方法

1 妈妈把一只气球充起气来，让宝宝拍打着玩一下。

2 妈妈再找开口，捏着气球，留一点点空隙，使气缓缓地流出来。

3 放气的时候将出气口对着宝宝的手心、脚心、脖子、脸等身体部位移动，使气流冲击宝宝身体的不同部位。

4 给气球放气时，妈妈还可松开手，气球在气流的反作用下会一下子飞出去，并到处飞舞，而且会发出“嗞嗞”的跑气声，宝宝会觉得很好玩。

TIPS

宝宝第一次玩这种游戏时，可能会有点紧张害怕，妈妈最好先在自己身上试着做，等宝宝觉得安全了，再在他身上做。

探险之旅——促进骨骼发育

＊ 游戏目的

1 锻炼运动机能：训练爬行能力，这能使宝宝骨骼发育得更快，身体更强壮、更灵活。

2 促进智力的综合发展：爬行有助于培养宝宝的空间概念，开发对自己身体的意识能力，可以随心所欲地移动身体去探索周围的事物。

＊ 游戏方法

1 妈妈带着宝宝，从这个房间爬到另一个房间。越过棉被山、枕头山，钻过桌子和椅子，爬上沙发再爬下来，找找看柜子里有什么东西，最后沿着走廊前进。

2 当宝宝爬到某个地方时，向他说明他正在什么上面、什么下面或什么中间爬行，在这些地方，妈妈都能做什么事情等。

3 妈妈可带宝宝到广场、草地、海滩等面积辽阔的地方，放任他爱爬多久就爬多久。

TIPS

妈妈千万不要让宝宝跳过学爬这一步，爬行对于宝宝将来体格的发育非常重要。宝宝每闯过一关，妈妈都要称赞宝宝：“宝宝是个勇敢的冒险家！”

教宝宝与别人分享好东西

＊好品质造就优秀宝宝

美国一些儿童教育专家做过一个实验：送苹果给幼儿园的小朋友吃，大部分宝宝都是捡大苹果、好苹果吃；一部分宝宝等人家拿了后再去拿，只能吃小苹果；还有几个宝宝吃不到苹果（因苹果不够每人一个），他们不吵不闹，并不在意没有吃到苹果。作为幼儿园的小宝宝，具有这种谦让品质已经是很了不起的了，这是父母教育得好。等这批小宝宝长大后，教育家跟踪研究，他们惊奇地发现：没有吃到苹果的宝宝都成了政府官员；吃小苹果的宝宝基本上都是厂长、经理；抢苹果吃的宝宝一般都是平平淡淡，无所作为。

由此可见，从小培养宝宝的谦让精神多么重要！训练宝宝与别人分享好东西的品质，对宝宝日后的成长有着重要的意义。即使是宝宝非常喜欢的东西或者食物，也要让宝宝学会与别人分享。要让宝宝一点一点地明白什么行为是好的，什么是不好的，从宝宝懂事时就开始教他，以后长大就养成了优良品质。

＊怎样培养宝宝慷慨待人的品格

1 在日常生活中，父母应首先做到慷慨待人。如肯把东西借给邻居使用，能主动地把好吃的食品拿出来让别人吃，乐意把自己心爱的物品转让给别人等。

2 利用电影、电视、童话、故事等文学作品中的慷慨形象教育宝宝、熏陶宝宝。

3 在日常生活中，为宝宝提供机会。如买回的糖果不要全部留给宝宝吃，要让宝宝亲自把糖果分给家庭成员；玩耍时，引导宝宝把心爱的积木、玩具等分一些给小朋友玩。

4 在宝宝与小伙伴的交往过程中，家长还可以指导宝宝相互交换玩具进行玩耍，在反复交换玩具的过程中，宝宝就会逐渐明白礼尚往来的必要性与相互帮助的重要性。

5 鼓励宝宝帮助有困难者，并不忘及时表扬宝宝。

为宝宝塑造完美的情商

情商比其他智力因素更容易被环境影响和塑造，教育可以在情商塑造中发挥很大的作用，爸爸妈妈应关注宝宝情商的早期开发，这样也有助于宝宝创造力的培养。情商包括以下内容：

* 自信心

自信心是成功的必要条件，要让宝宝知道，不论什么时候、有何目标，都要相信通过自己的努力就能够达到。

爸爸妈妈要有意识地告诉宝宝："你是最棒的。"宝宝学习爬行与走路的时候，是培养宝宝自信心的最佳时期，爸爸妈妈要多鼓励、少责备、多夸奖。

* 好奇心

宝宝天生就具备好奇心，在后天的环境中如果不加以强化，这种天生的好奇心就会退化。

在宝宝还不能活动时，爸爸妈妈可以经常指着某一处跟宝宝说"看，那是什么，是狗狗吗？"等。等到宝宝能活动了，可以跟宝宝玩躲猫猫的游戏，或是藏一些东西让宝宝找。

* 人际关系

培养宝宝与别人友好地相处，在与其他宝宝相处时态度积极、热情。

爸爸妈妈要经常带宝宝去户外活动，结交新的朋友。等宝宝大一些后，要鼓励宝宝多和小朋友或大人交流，并教宝宝讲礼貌。

* 情绪

情商高的宝宝活泼开朗，对人热情、诚恳，经常保持愉快的心情。

爸爸妈妈要从小教育宝宝保持乐观开朗的心境，大人在宝宝面前应保持平和愉悦，让宝宝从小感受好情绪的氛围，并在宝宝的不断成长中教会宝宝宽容和大度。

* 抗挫折能力

宝宝抵抗挫折的能力并非与生俱来的，这需要在环境中进行锻炼，爸爸妈妈应从小开始锻炼宝宝的这种能力。

当宝宝哭闹时，有时候不明白原因，这时爸爸妈妈不应一味地迁就宝宝，这样能提高宝宝对挫折的抵抗能力，并培养耐心，但要注意不能冲宝宝发脾气。

第11章

10～11个月的宝宝

生理发育

* 女宝宝

项目	年龄组	下限值	中间值	上限值
身高	10～11月	71.32厘米	73.8厘米	76厘米
体重	10～11月	8.15千克	9.1千克	10.11千克
头围	10～11月	约为45.81厘米	—	—

* 男宝宝

项目	年龄组	下限值	中间值	上限值
身高	10～11月	72.58厘米	75.5厘米	77.64厘米
体重	10～11月	8.76千克	9.7千克	10.76千克
头围	10～11月	约为45.99厘米	—	—

感觉发育

* 动作发育

11个月的宝宝坐着时能自由地向左右转动身体，能独自站立，扶着一只手能走，推着小车能

向前走；能用手捏起扣子、花生米等小东西，并会试探地往瓶子里装，能从杯子里拿出东西然后再放回去；双手摆弄玩具很灵活；会模仿成人擦鼻涕、用梳子往自己头上梳等动作，会拧开瓶盖、剥开糖纸、不熟练地用杯子喝水。

* 听力发育

11 个月的宝宝尽管能够使用的语言还很少，但令人吃惊的是他能够理解大人说的很多话，对成人的语言由音调的反应发展为能听懂语言的含义。如问宝宝“电灯呢？”他会用手指灯；问他“眼睛呢？”他会用手指自己的眼睛，或眨眨自己的眼睛；听到成人说“再见”，他会摆手表示再见；听到“欢迎、欢迎”的声音，他也会拍手。

* 探索精神

宝宝常常把家里的抽屉打开，把每件东西都拿出来看看、玩玩；如果有箱子，就会钻进去；他们还会把塑料袋套在自己头上，常常因为拿不下来而发急。宝宝的这种行为对其开阔视野、增长知识是有极大帮助的。这时应该提醒一下的是，由于此时宝宝的探索行为属于“不负责任”的行为，所以父母一定要注意宝宝的安全。

心理发育

11 个月的宝宝喜欢和父母在一起玩游戏、看书画，听大人给他讲故事；喜欢玩藏东西的游戏；喜欢认真仔细地摆弄玩具和观察事物，边玩边咿咿呀呀地说着什么，有时发出的音节让人莫名其妙。这个时期的宝宝喜欢的活动很多，除了学翻书外，还喜欢玩搭积木、滚皮球，还会用棍子够玩具。如果听到喜欢的歌谣就会做出相应的动作来。

11 个月的宝宝，每日活动是很丰富的，在动作上由爬、站立到学行走的技能日益增加。他的好奇心也随之增强，宛如一位侦探，喜欢把房间里每个角落都了解清楚，都要用手摸一摸。

为了让宝宝心理健康地发展，在安全的情况下，尽量满足他的好奇心，要鼓励他的探索精神不断发展，千万不要随意恐吓宝宝，以免伤害他正萌芽的自尊心和自信心。

训练宝宝的双手

1 锻炼手的皮肤感觉。经常给宝宝手部皮肤以有力的刺激，如玩沙子、玩石子、玩豆子等，这样，可以锻炼宝宝手的神经反射，促进大脑的发育。

2 增强手指的柔韧性。如让宝宝经常伸、屈手指，闭上眼扣扣子，练习写字绘画，这些锻炼有利于提高宝宝大脑的活动效率。

3 锻炼手指的灵活性。让宝宝的手指做一些比较精细的活动，如打算盘、做手指操等；要手脑并用，边做边思考，以增强大脑和手指间的信息传递，提高健脑效果。

4 培养宝宝自己动手的习惯。为宝宝选择玩具时，要从培养宝宝自己动手的习惯出发，积木、橡皮泥或能拆能拼的玩具有利于动手能力的培养。

5 交替使用左、右手。交替使用和锻炼左、右手，可以更好地开发大脑两半球的智力。

宝宝学习扶墙走

当宝宝站得够稳时，他很快就能扶着东西走路，不过这距离他能够使用双脚走路还有一段时间。妈妈可以试着让宝宝扶着床栏去拿稍远些的玩具："宝宝看，小狗熊向妈妈招手呢，妈妈过去跟它玩！"或是妈妈站在床的另一头，说："宝宝，来，往这边走。"多次训练以后，宝宝就可以慢慢地扶着向前迈步了。

妈妈也可以牵着宝宝的一只手臂，拉着他慢慢地走。妈妈的手臂是软的，比扶着家具走难度大。这主要是锻炼下肢肌肉及全身协调动作，使宝宝从坐爬到站、扶走、独行。行走的训练有时要延续几个月，妈妈每日与宝宝玩一会儿，不要操之过急。

教宝宝学习表达情绪

无论宝宝属于哪一种类型，妈妈都要帮助宝宝表达他真正的情绪，否则所有人都很容易被宝宝脸部惯有的表情误导，这对宝宝将来的人际交往不利，因此，妈妈要教导他认识自己的情绪，也要鼓励他多使用言语表达情绪。

1 玩情绪游戏。妈妈可把宝宝哭、笑、生气的模样照下来，也可以让他照镜子、看书中不同的情绪表情，或是进行亲子角色扮演，由大人扮演生气、开心、哭的表情，让他看看不高兴、高兴、难过的脸是什么样子，并且教他辨认每一种情绪的脸。

2 多跟宝宝说话。与宝宝说话，在谈话的过程中，妈妈可以帮助宝宝确认他的情绪，告诉他应该要如何表达出来。

3 鼓励宝宝多笑。因为情绪本质属于负向的宝宝，常常带着一张臭脸，可能不容易讨人喜欢，妈妈可以多鼓励他笑。

4 接纳宝宝的情绪。当宝宝试着表达他的情绪时，无论这个情绪是好是坏，妈妈都要接纳。当宝宝表达出负面的情绪时，妈妈不该加以抑制，而应去了解他为什么会有这样的情绪。

飘落的羽毛——发展视觉和手眼协调能力

＊游戏目的

1 发展视觉和手眼协调能力：这个时期的宝宝最喜欢的事情之一就是把东西不断地丢到地上。丢物、抓物可以锻炼宝宝手眼协调的能力，而缓缓飘落的物品可以锻炼宝宝追视的能力。

2 发展适应力：锻炼宝宝的空间感和反应力，帮助他理解因果关系。

＊游戏方法

1 妈妈把羽毛、彩纸片、轻盈的布条等拿给宝宝，让他抓起来、丢出去地玩上一会儿。

2 妈妈拿起羽毛，在宝宝眼前尽可能地往高处抛起来，然后引导宝宝看着羽毛渐渐地飘落下来，并在恰当的时机一把抓住它。

3 妈妈抛高羽毛，让宝宝伸手去抓。

4 妈妈向羽毛吹气，改变羽毛飘落的轨迹，鼓励宝宝也来这么做。

5 将各种轻盈的物品拿给宝宝，来做这个抛高、抓住的游戏。

6 冬天下雪时，带宝宝到外面赏赏雪，昂头看看雪飘落的样子，伸出手来接几片雪花观察一下，雪花是什么样子，用嘴吹一吹飘落的雪花让它飞舞起来。

TIPS

不同物品下落的速度不一样，多抛出几种东西，宝宝总会抓住一个的。

风吹不倒的稻草人——训练独站能力

＊游戏目的

1 锻炼运动技能：训练宝宝独站能力，在身体重心发生变化时学会保持平衡。

2 培养良好的意志品质：在外力影响的情况下保持自己的姿势，可以让宝宝充满自信，培养其坚定的意志品质。

＊游戏方法

1 妈妈跟宝宝一起玩纱布飞舞的游戏，一边舞动纱布一边说："风来啦！风来啦！"让宝宝也跟着做。

2 妈妈抬平手臂于身体两侧，并自称为"稻草人"，假装被"风"吹得摇摇晃晃要倒的样子。

3 待宝宝明白游戏的玩法后，妈妈站起来舞动纱帽当"风"，鼓励宝宝来当"稻草人"移动重心地摇晃。

4 将宝宝靠墙壁站稳，妈妈念儿歌："宝宝，站站好，推呀推，推不倒。"边念边用一只手从左侧向右侧推一下，使宝宝失去平衡，同时用另一只手挡住，使宝宝不跌倒。

游戏时要不断地鼓励宝宝说："宝宝是个勇敢的、自信的稻草人哦！"

和宝宝一起“唱歌”

* 和宝宝一起“唱歌”

11个月左右的宝宝已经会说简单的语句了，这时，他们也喜欢咿咿呀呀地说个不停。所以妈妈应该多和宝宝说话，为了避免单调，妈妈还可以和他一起“唱歌”。这不仅能激发宝宝的音乐智能，而且对于宝宝语言智能的培养也很有帮助。

妈妈缓慢地唱儿歌，让宝宝模仿，只要宝宝有意模仿，不管模仿得怎么样，妈妈都要用夸奖、赞许的表情看着宝宝。等宝宝“唱”完一句后，妈妈要亲亲宝宝以示鼓励。

* 为宝宝编儿歌

爸爸妈妈随兴地给宝宝编几首儿歌，这些儿歌会触动宝宝内心深处那些最敏感的神经，别以为宝宝什么都看不出来，他的直觉可是比谁都要强烈和敏锐的。当妈妈在哼唱这些儿歌的时候，那种情感流露是其他的儿歌所无法比拟的。宝宝也能感知到这些儿歌里妈妈对他的浓浓爱意，同时对激发宝宝的音乐智能也很有益。

妈妈可以根据宝宝的相貌特点、身材特点等，编一些属于宝宝的歌，如：“我家宝宝眼睛大，忽闪忽闪会说话！我家宝宝鼻梁高，小小挺挺真漂亮……”在妈妈给宝宝编这些属于他的儿歌时，相信妈妈也会从中产生很多感触，真正地调动自己的情感。

培养宝宝的爱心

* 让宝宝学会爱他人

可以说现在的家长给予宝宝的爱太多，千般呵护、万般疼爱。如果父母只是机械地单向地去爱宝宝，而从不教宝宝如何爱他人，会让宝宝以为爱只是索取，不利于宝宝以后的交往和健全人格的培养。

父母应该给宝宝更多的爱、更多的关注、更大的发展空间，让他充分发挥自己的个性。在提倡这些的同时，更应注意在生活的一点一滴中培养宝宝去爱他周围的人。交往是双方的、相互的，培养宝宝对别人的爱心，也是发展其良好内心智能的重要方面。

* 如何培养宝宝的爱心

1 从父母和周围的亲人开始，比如平常可以让宝宝用小嘴亲亲爸爸妈妈或爷爷奶奶及其他人的脸，用小手摸摸人家的脸、搂搂人家的脖子等。

2 还要培养宝宝分辨别人的情绪，要学会安慰别人。

3 当宝宝再大点儿时，一定要鼓励他把好吃的、好喝的留给别人一些，尤其是可以引导宝宝在他吃东西时，把东西拿给别人一点儿。

4 宝宝小的时候妈妈可以帮助他们养一些小动物，平时鼓励宝宝给动物喂食。在宝宝给小动物喂食的活动中，会有一种被接受、被陪伴的感觉，这样就会使宝宝获得心灵慰藉，培养他的爱心。

第12章

11～12个月的宝宝

成长发育

生理发育

* 女宝宝

项目	年龄组	下限值	中间值	上限值
身高	11 ~ 12 月	73.2 厘米	75.5 厘米	77.96 厘米
体重	11 ~ 12 月	8.47 千克	9.4 千克	10.41 千克
头围	11 ~ 12 月	约为 46.48 厘米	—	—

* 男宝宝

项目	年龄组	下限值	中间值	上限值
身高	11 ~ 12 月	74.02 厘米	77.5 厘米	79.44 厘米
体重	11 ~ 12 月	8.95 千克	10 千克	11.05 千克
头围	11 ~ 12 月	约为 46.66 厘米	—	—

感觉发育

* 动作发育

12 个月的宝宝，虽然刚刚能独自走几步，但是总想蹒跚地到处跑。他喜欢到户外活动，观察外边的世界，他对人群、车辆、动物都会产生极大的兴趣。

喜欢看图画、学儿歌、听故事，并且能模仿大人的动作，如做一些家务事。如果妈妈让他帮助拿一些东西，他会很高兴地尽力拿给妈妈，并想要得到大人的夸奖。

* 听力发育

12 个月的宝宝已经能够理解大人的许多话，而且对于大人说话的声调和语气也发生了兴趣。喜欢用摇头表达自己的意思。如果妈妈问他喜不喜欢这个玩具，他会用点头或摇头来表达。妈妈要问他几岁了，他会用眼注视着妈妈，竖起食指表示 1 岁了。

* 独立性增强

12 个月的宝宝已经不满足于妈妈喂饭了，喜欢自己拿着食物吃，但还用不好勺子。他对别人的帮助很不满意，有时还大哭大闹以示反抗。他要试着自己穿衣服，拿起袜子知道往脚上穿，拿起手表往自己手上戴，给他一根香蕉他也要拿着自己剥皮。这些都说明宝宝的独立意识在增强。

心理发育

12 个月的宝宝虽然会说几个常用的词汇，但是，语言能力还处在萌芽期，很多内心世界的需要和愿望不会用关键的词来表达，还会经常用哭、闹、发脾气来表达内心的挫折。这时，父母该怎么办呢？千万不要用发脾气的方式来对待宝宝，应该尽量用经验和智慧来理解他的愿望，猜测他需要什么，尝试用不同方法来满足他，或者转移他的注意力，让他高兴起来，忘掉自己原来的要求。

想要让宝宝有轻松愉快的情绪，就要对宝宝不舒适的表示及时作出反应，让宝宝感到随时处于关怀之中，这样宝宝才会对环境产生安全感，对他人产生信任感。父母不要担心这样会把宝宝“宠坏了”，其实，宝宝在父母的亲切关心下，得到安抚从而心情愉快，有利于宝宝学习和探索新的事物。

翻书

快1岁的宝宝不仅喜欢撕书，还喜欢翻书。妈妈可以拿一些专供宝宝阅读的大开本、有彩图、薄而耐用的书，边讲边帮助他翻着看，最后让他自己独立翻书。父母观察宝宝是否顺着看，每次翻一页还是几页。宝宝开始时可能不分倒顺和次序，要通过认识简单图形逐渐加以纠正。随着空间知觉的发展，宝宝自然会调整过来。

满足爱敲打的宝宝

宝宝快到1岁时，多数喜欢拿东西当鼓乱敲一气。父母专为宝宝买来的电动玩具，没想到宝宝拿起来就往桌上敲，几下就敲坏。有些妈妈无法忍受宝宝成天敲打的这种声音刺激，抱怨说："真是太吵了，一天到晚都像做木匠活儿。"

其实妈妈应该理解宝宝的行为，这是宝宝在成长过程中的一种探索。妈妈不仅要理解，还要帮助宝宝发展这项探索性活动。建议妈妈不要给这个年龄的宝宝买高档新玩具，只需找一些带把的勺子、玩具锤子、玩具小铁锅、纸盒之类的东西就足够了。宝宝敲敲打打，可学会控制敲打的力量，随即发展了自身动作的协调性。

宝宝独走

快1岁的宝宝多数自己能够独立行走，宝宝一心想到外面走，几乎一刻也不想停下来。为此，父母会担心宝宝骨头发育不完善，走得多了会不会腿变弯呢？尤其是看到一些因为患上佝偻病而下肢出现罗圈腿，即O形腿或X形腿的宝宝时，就会更加忧虑，其实这种担心是完全多余的。

另外，对于宝宝迟迟不愿意学走或者不会走，大可不必着急，训练宝宝走路是一个循序渐进、润物无声的过程，功到自然成。

尝试教宝宝踢球、爬楼梯

快1岁的宝宝已经能够扶着床栏、凳子、沙发等由蹲着到站稳。可以在距宝宝的脚3~5厘米处放个球，让宝宝踢。在踢来踢去的过程中宝宝会十分开心，既锻炼了大脑的平衡能力，促进了“眼—足—脑”的协调发展，还建立起“球形物体”能滚动的形象思维。一般说来，宝宝在7~8个月就会用脚做踢球动作。

1岁的宝宝具有熟练的爬行技能和极强的攀高欲望，一刻不停地“攀上爬下”是这个阶段宝宝的特点，这是宝宝自我探索、自寻其乐、增强才干的动力。应创造条件和宝宝开展“爬大山”“越障碍”的游戏，爬一爬楼梯、攀一攀攀登架，对于手脚共用的协调能力发展有益。

坐飞机

让宝宝骑到爸爸的肩上，抓住宝宝的双手说：“飞机马上就要起飞了，请乘客准备坐好。”爸爸慢慢地站起，在地上转一两圈，然后说：“飞机到站了，请乘客下机。”让宝宝下来。做游戏的时候要选择在上空没有任何障碍物的空地上进行。坐上“飞机”的宝宝肯定会乐得合不拢嘴，在旁边观看的妈妈也会其乐融融。

让它停下来——锻炼手眼协调能力

＊游戏目的

1 发展认知和用手能力：这个游戏可以帮助宝宝了解事物的因果关系，同时也有助于手眼协调能力的发展。

2 促进智力发展：这个游戏可以培养宝宝的观察能力、模仿能力，以及勇敢探索新事物的能力。

＊游戏方法

1 妈妈拿陀螺（硬币、圆的盖子、球等）给宝宝随便玩一会儿，然后妈妈转动陀螺，妈妈在陀螺转动时观察宝宝有没有要伸手去触碰的意识。

2 妈妈示范在陀螺转动过程中用手去轻触一下，让陀螺停下来，然后鼓励宝宝模仿。

3 可选放一些节奏强烈、欢快的音乐，随着音乐的节奏来玩这个游戏，也可让宝宝在游戏时抱着毛绒玩具，既能增加安全感，又能强化他的触觉及肌肉反应。

TIPS

飞速旋转的物体对宝宝的视觉是一个很强烈的刺激，宝宝能够伸手让它停下来，需要妈妈的示范和鼓励，让宝宝觉得是安全的。

大海中的鱼儿——视、听、触觉的综合刺激

* 游戏目的

1 视、听、触觉的综合刺激：床单要够大，足以碰撞宝宝的全身，让他体验忽明忽暗的视觉刺激，而且振动时，风的气流也会影响宝宝的触觉和筋骨的反应，以强化本体感。

2 促进社会适应性：强化宝宝对周围环境变化的反应能力。

* 游戏方法

1 让宝宝轻轻地仰躺或坐在地板中间。

2 爸爸和妈妈抓住轻薄的床单或毛巾的四角，在宝宝的头顶正上方，如波浪般用力地振动。

3 可选放一些节奏强烈、欢快的音乐，随着音乐的节奏来玩这个游戏，也可让宝宝在游戏时抱着毛绒玩具，既能增加安全感，又强化他的触觉及肌肉反应。

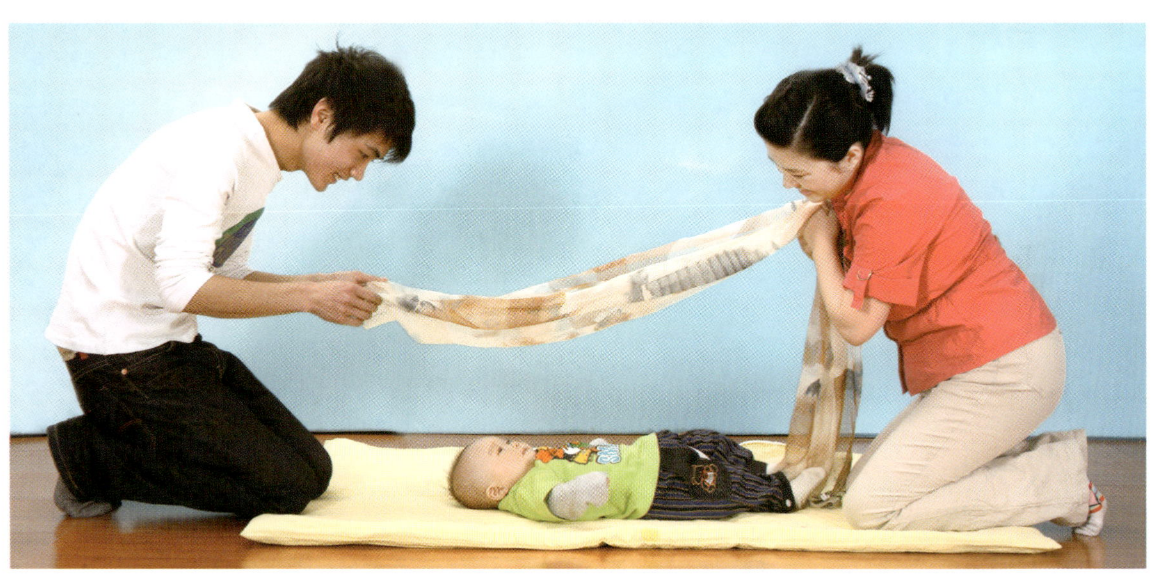

TIPS

刚开始时幅度和频率要小一点，以免让宝宝感到恐惧、害怕。

教育宝宝，而不是吓唬宝宝

* 吓唬宝宝没有好处

1 吓唬宝宝会使宝宝产生错误的观念。例如，世上本没有“鬼”，如果父母常用有“鬼”来吓唬宝宝，会使宝宝误以为世上真的有“鬼”，导致宝宝是非不明、真假不分。

2 吓唬宝宝会使宝宝心理遭受损伤。宝宝年龄小，正处于生长发育时期，神经系统比较脆弱，吓唬对他来说不仅对神经系统而且对心理也是一种强烈刺激，会使他过分紧张。

3 吓唬宝宝会使宝宝形成胆小、懦弱的性格。有些父母喜欢利用宝宝的弱点来吓唬宝宝，明知宝宝怕黑，还吓唬他要把他关进黑屋子。宝宝为了避免黑暗而暂时求饶，这就造成了宝宝性格上的懦弱和人格上的压抑。

4 有些父母还利用宝宝怕父母的一方而吓唬宝宝。如“爸爸回家要狠狠地揍你的”、“妈妈回来要把你赶出去的”等。次数多了，不仅会降低父母的威信，而且容易使宝宝产生对立情绪，这对宝宝今后处理人际关系和社会发展非常不利。

* 宝宝不听话妈妈怎么做

吓唬宝宝有百害而无一利。当宝宝大哭大闹或不听话时，最好是转移宝宝的注意力，使他暂时忘记眼前的事，或者适当满足一下他的某些要求，事情过去后再对他说明不能满足要求的理由，这样往往会收到事半功倍的效果。

从小培养宝宝的自信

* 怎么培养宝宝的自信

1 认真对待宝宝的要求。经常忽视宝宝的需要，会让他因不被重视而失去信心。

2 给宝宝自己做选择的机会。给他选择的范围，让他自己作出选择，会增加宝宝的自信心。

3 不要嘲笑宝宝。例如，宝宝刚学说话，发音不准确的时候，不要嘲笑他，也不要当时刻意强调，可换个时间再教他。在宝宝语言学习期，你的嘲笑会使宝宝丧失信心和兴趣。

4 不用辱骂来惩罚宝宝的过错。辱骂不仅会打击宝宝的自信，还会让宝宝产生逆反心理。

5 让宝宝多和同龄宝宝玩耍。让宝宝接近陌生小朋友，积极鼓励他与各种年龄的人自由交往。培养他的社交能力其实就是在培养他的自信心。

6 当宝宝有进步的时候要给予表扬。和宝宝相处时，经常寻找值得赞许的具体理由，用赞许的语言鼓励他，但不要空洞地表扬他。

7 经常带宝宝运动也有利于宝宝建立自信。宝宝经常跑跑跳跳、爬上爬下、翻跟头等，就会在这样的运动中体验到成功。对宝宝在运动过程中偶尔发生的那些小伤小痛，父母不必太在意。如果父母过分在意这些，宝宝会容易变得比较娇气。相反，如果父母看淡这些，在宝宝受点小伤的时候，平静地为宝宝处理好伤口，那么宝宝也会看淡这些小事，就不会过于娇气，就能更多地感受到自己的力量，并因此变得越来越开朗、自信。

给宝宝过一个难忘的生日

离宝宝的第一个生日越来越近了，当你为宝宝计划小小的生日庆典时当然也要作一些相应的准备。

＊让宝宝的生日过得热热闹闹

首先要记住自己宝宝的性格。他对各种不同情况是如何反应的？有些宝宝喜欢许多刺激，而有一些宝宝害羞而不喜欢活动。但不管宝宝属于哪一种性格，妈妈都应该重视宝宝的 1 岁生日，请一些客人来家里，让宝宝的生日过得热热闹闹的。

举行这项活动的时间是在宝宝休息后和活跃的时候。如果宝宝午睡刚醒，那么午后晚些时候和晚上早些时候的庆祝可能会是最适宜的。集会时间要短，2 个小时是最长的了，如果集会在很短时间内结束，就要考虑少请客人。

＊除了大人外，你想邀请其他的宝宝吗

一些父母在他们的宝宝的第一次生日晚会上只请大人。如果你一定要请宝宝参加，你就需要给他们提供一些活动。如果有其他宝宝参加，给他们准备一个安全活动的地方和一些与他们年龄适合的玩具，不要请小丑或其他乔装打扮的人，他们可能会吓到你的宝宝。

祝宝宝生日快乐！不管怎样庆祝，要让 1 周岁的宝宝度过这快乐的一天。

第13章

12～14个月的宝宝

感觉发育

* 肢体运动发育

12 ~ 14 个月的宝宝已经能够手脚并用地爬上 1 ~ 2 级楼梯，还可以将 2 块积木堆起来，还可以自己脱掉鞋、帽。

* 语言和听力发育

12 ~ 14 个月的宝宝试图用语言表达出自己的需求，尽管此时父母还不能完全听明白，因为此时的宝宝一个词可能会表达多种意思。在听力方面，当听到父母喊自己的名字时宝宝会一摇一晃地走过来。

* 其他感觉发育

此时的宝宝已产生了最初的思维，但由于宝宝大脑神经元之间的联系很弱，所以通常要伴随动作和其他各种感、知觉进行。在情绪社交能力方面，宝宝已经能够明白用怎样的表情来表达自己的喜悦和不高兴了。

心理发育

12～14个月的宝宝会尝试着发现各种新的东西，喜欢牵着父母的手行走，好像不知疲倦似的。而且此期宝宝的面部表情会越来越丰富，从宝宝的面部表情可以看出宝宝是否高兴。

当妈妈对宝宝的行为不满时，宝宝能理解，并正在加深对因果关系的认识。现在的宝宝有一个特点，那就是大人越不让他做什么事，他就越对什么事感兴趣，所以妈妈一定要确保宝宝生活环境的安全，把有危险的物品锁起来或放到宝宝不可能拿到的地方。可以在柜子底层特别准备一两个抽屉专门给宝宝，里面放一些宝宝的玩具，并不定期更新，这样也能满足宝宝的好奇心和探索欲。

这时有一些宝宝开始有了自己珍爱的东西，比如一个毛绒玩具、一条小毛毯、一块小手绢等，睡觉的时候一定要摸着或抱着它才行，这是宝宝情感的慰藉物。不要干涉宝宝的这一嗜好，尊重宝宝的感情，但是要注意这些物品的卫生，经常清洗，保持洁净。这时候宝宝什么事情都喜欢模仿大人，自我意识增强，能用自己已经学会的简短词语来表达自己的需要。吃饭的时候也总愿意自己动手，这是让宝宝学习自己吃饭的好时机，不要错过。

宝宝自己动手吃饭

1 周岁的宝宝，随着两手动作能力的发展和对周围事物的兴趣不断增加，渐渐地不满足于别人喂食，而愿意自己动手吃东西了。妈妈对于宝宝的这种要求和尝试，应该抱着支持的态度，耐心地帮助宝宝使用小勺、小碗自己吃辅食，自己拿着奶瓶喝奶。这对于培养宝宝的自食习惯、锻炼动手的能力都有好处。

宝宝开始自己吃饭时，由于动作不准确、技术不熟练，难免会漏撒食物，弄脏环境和手脸，妈妈绝不能因此而制止宝宝自己吃饭的要求。要鼓励宝宝，给他不易打碎的餐具、戴上围嘴等。当宝宝吃饱后，仍用勺玩饭菜时，要及时将饭、菜拿走。

训练宝宝走路

宝宝初学走路时，妈妈可以蹲在距宝宝 3 ~ 4 步的前方，伸出双手热情地鼓励宝宝勇敢地迈出第一步。宝宝为了保持自己身体的平衡，通常会采取举起双手、两脚分开、脚趾向外、头部稍往前倾的姿势。此刻，妈妈一定要做好保护工作。当宝宝成功地扑到你的怀中时，你一定要给他一个他所期盼的嘉奖、拥抱和亲吻。稍稍休息之后，鼓励宝宝继续练习，以巩固成绩。

认识“烫”

用两个一模一样的杯子，在杯子里倒入冷、热两种水，让宝宝感受不同触觉感受，并告诉宝宝“烫”。然后把水壶打开，拉宝宝的手放在水壶口上方，让宝宝感受热水汽，并再次强调“烫”。还可以用两块毛巾分别浸过冷、热两种水，当把毛巾给宝宝的时候，告诉宝宝“烫”。

和宝宝玩躲猫猫

这么大的宝宝,可以与大人玩简单的游戏了。宝宝都爱玩躲猫猫,一旦找到,宝宝会高兴得直叫。妈妈也可以把玩具藏到不易找到的地方，让宝宝去找，他会很认真地寻觅“狗熊哪去啦？”“汽车放在哪啦？”他会东转转、西瞅瞅，经过自己的努力，终于找到了，他会表现得极为高兴，连喊带叫。

这些令宝宝愉快而有趣的游戏，可以锻炼宝宝的智能和身体感觉，体验空间的位置，在玩游戏的过程中还可发展宝宝的社交能力。

盖盖子——锻炼手指对物体的控制能力

* 游戏目的

1 发展精细动作能力：盖盖子游戏可以促进宝宝手指对物体的控制能力，促进手眼协调能力。

2 促进思维发展：认识方形和圆形，锻炼配对能力，理解圆形的东西是可以滚动的。

* 游戏方法

1 给宝宝一个带盖的塑料杯子，妈妈把盖子打开，递给宝宝，让宝宝用双手操作，一手拿盖，一手扶着杯子。如果宝宝能准确地把杯子盖上，可以给宝宝一个有盖的奶瓶罐，把盖子打开，让宝宝试着把盖子放在罐上。

2 给宝宝不同形状的盒子，让宝宝摸索开盖子、盖盖子。引导宝宝圆盖盖圆盒、方盖盖方盒，可以让宝宝拿着圆形的盖子滚动着玩一玩，让宝宝理解圆形的东西是可以滚动的。

对于这个时期的宝宝而言，他知道哪个盖子盖到哪个物体上就可以了，只要求放正，不必让他压紧。

划龙舟——促进身体的平衡性

＊ 游戏目的

1 发展大运动能力：这个游戏可刺激前庭器官，促进身体的平衡性。

2 发展社会交往能力：这个游戏可锻炼宝宝与他人协同动作的能力，增进亲子关系。

＊ 游戏方法

1 妈妈坐在地板上两腿伸平，让宝宝骑坐在妈妈腿上，妈妈双手在身后撑住地面，双腿一屈一伸地向前移动身体，让宝宝随着妈妈前移的动作调节身体平衡。

2 一边移动一边说儿歌："加油！加油！老龙舟加油！加油！加油！妈妈宝宝划龙舟！"

3 让宝宝抱着一个他喜欢的玩具来做更具趣味性。或者让宝宝用玩具做"龙舟"，模仿妈妈的样子向前移动身体。

TIPS

对小一点的宝宝，妈妈可以一手搂抱他的腰，另一只手撑住地面，累了就换一换手。

上下班记得和宝宝亲亲抱抱

＊上班前

1 肌肤之亲很重要。上班前，母子亲密接触，对宝宝和妈妈一天的心情都很有好处。方法有很多种，妈妈可以用手指轻刮一下宝宝脸颊，可以对着宝宝学猫叫，也可把能发声的玩具对着宝宝耳朵将宝宝叫醒。给宝宝穿衣服时，可在其腋下或背部挠几下，使宝宝体会到乐趣。肌肤之亲是让宝宝感觉到妈妈关爱的最好途径。

2 妈妈宝宝互相喂饭。宝宝能吃饭或能吃断奶食品的话，妈妈可将饭舀到勺子里喂给宝宝吃，同时鼓励宝宝喂给妈妈吃。这种喂饭游戏是十分温馨的，能锻炼宝宝的各种能力，初步培养宝宝的孝心。

3 说“再见”时抱起宝宝。很多妈妈为了避免宝宝的纠缠而偷偷地离开，这种做法其实对宝宝很不好。因为宝宝会一整天找妈妈，会因见不到妈妈而心神不宁、注意力不能集中。这种做法持续下去会使宝宝形成整日找妈妈的习惯，再见到妈妈更是一刻也离不开了。妈妈应让宝宝接受妈妈要离开的事实。妈妈去上班的时候，要抱抱宝宝，对宝宝说“再见”。

＊下班后

1 大声喊着宝宝的名字进门。妈妈下班回来后，一边喊着宝宝的名字一边进门，即使宝宝在睡觉也没有关系。宝宝跑出来（或由看护人抱出来）迎接妈妈的话，妈妈要捏捏宝宝的脸蛋，抱抱他，通过肌肤之亲来让他体会到妈妈的存在。

2 给宝宝按摩。可以在帮宝宝洗完澡后给宝宝按摩。通常宝宝会高兴得咯咯笑的！

3 和宝宝一起听音乐、跳舞。不管妈妈会不会唱歌、跳舞，只要和宝宝随着音乐一起哼哼，一起扭动腰肢就可以了。同时，拉起宝宝的小手，并与宝宝目光相对，传递妈妈的爱。

* 晚上

妈妈要记得在宝宝睡前给他讲故事，告诉宝宝妈妈白天要上班，没时间陪宝宝，要宝宝理解。尽管这些宝宝都听不懂，但说多了，宝宝似乎也会领悟出一些道理来。可以给宝宝唱催眠曲，让宝宝在这种安静舒适的氛围中进入梦乡。

教宝宝和小朋友打招呼

* 帮助宝宝寻找小朋友

1 如果宝宝已经交上了小朋友，妈妈要及时给以强化，比如对宝宝说：“宝宝有了自己的朋友，以后和小朋友应该互相关心、互相帮助。”或者说：“我很想见见你的朋友，你看可以吗？”

2 如果宝宝还没有朋友，则应积极帮宝宝寻找。比如让宝宝与家附近的小朋友一起玩，与同事或同学的宝宝一起玩，最好是同龄、近龄的。

3 适时与宝宝讨论他们交往的情况，帮助宝宝做出选择。帮宝宝选择小朋友有两点应该注意：一是能够合得来，二是能够优势互补。宝宝们的优点在互动过程中强化、发展，宝宝们的缺点在互动过程中逐渐克服。

4 利用双休日或其他节假日，与宝宝朋友的妈妈约好，带宝宝一起出去旅游、度假，创造宝宝之间交往的机会。这种方法很有效，妈妈带动宝宝交朋友。此外，亲戚的宝宝之间更容易交往，如果有这方面条件，应充分地利用。

* 欢迎宝宝的小朋友到家里来

宝宝交朋友，妈妈对宝宝的朋友要当自己的朋友一样，采取热情欢迎的态度。当小朋友来家里时，妈妈应该说：“我们家来朋友啦，欢迎欢迎。”而且要让宝宝认真地接待一番。一旦宝宝们自己玩起来、学习起来，妈妈就可以退居“二线”了。宝宝们时间观念不强，要适时提醒，提醒的方式要注意：“时间不早了，是不是约定下次来玩（或学习）的时间，你们商量一下，好吗？”

* 给宝宝交朋友以具体指导

宝宝毕竟是宝宝，与小朋友交往中难免出现各种各样的问题，妈妈应该细心观察，给予指导，千万不可严厉地批评与责骂。如宝宝和小朋友抢一个玩具，妈妈可以说：“琪琪（小朋友的名字）是喜欢你（宝宝）的玩具呀，你是主人，应该让给琪琪玩的，如果你什么都不让琪琪玩，琪琪下次就不会来了，你想这样吗？”

* 与宝宝朋友的妈妈一起指导宝宝、带动宝宝

这一点很重要。两个宝宝成了朋友，妈妈就有了交往的需要，因为妈妈都存在着某种担心。妈妈来往之后，对宝宝是一种促进，许多具体问题就容易解决了。

宝宝被椅子碰倒，妈妈正确的做法

相信妈妈非常熟悉这样的场景：宝宝不小心被一把椅子碰倒，妈妈会很“心疼地”把宝宝从地上扶起来，一边安抚宝宝，一边拍打着椅子说：“都是这个椅子不好，让宝宝摔倒了。”

显然，那把椅子是不会错的，当然妈妈似乎也是没有错的，只是在安慰宝宝的时候用错了教育的方法而已。

宝宝会从被椅子碰倒的“疼痛”中吸取“教训”吗？应该是不会的，而且宝宝很可能还会在相同的地方摔倒第二次。因为宝宝看到有错的是椅子，而不是自己。更重要的是，这样的教育方法还很容易培养宝宝推脱责任、不能自我反省的惯性思维。当他慢慢地长大，被人生路上的一些沟沟坎坎绊倒的时候，他也会养成找各种客观理由而不愿意自责、自省的坏习惯。

当宝宝被椅子碰倒时，妈妈应该先鼓励宝宝从跌倒的地方爬起来，然后对宝宝说：“宝宝，你再重新走一遍！”

鼓励方法是：妈妈走到宝宝身边，不要弯下身子扶起宝宝，而是要大声说：“没有关系的，宝宝，自己站起来！”

如果宝宝摔疼了，可能不会从地上站起来，甚至还会大声地哭起来。这时，妈妈不要将宝宝抱起来，而要相信每个宝宝都有足够的能力战胜这点小疼痛。要不断地鼓励宝宝，跟宝宝说：“你是个勇敢的宝宝，妈妈相信你一定会站起来！”直到宝宝自己站起来。

第14章

14～16个月的宝宝

感觉发育

＊肢体运动发育

宝宝双臂能模仿大人做4个方向的动作，也会用小手指抓起积木进行堆积，一般的宝宝可堆起4块积木。宝宝还会弯腰用手脱袜子，虽然动作有些笨拙。宝宝还会很高兴地拖着物品行走。

＊语言和听力发育

宝宝喜欢模仿大人说话，可以用简单的句子来表示自己的意思，在他认为说不清楚的时候，还会辅以手势。此时期的宝宝对父母说的话已能听懂更多，这表明其语言理解能力有了进一步提高。

＊观察和视觉能力

这个阶段的宝宝喜欢观察周围的新鲜事物，特别喜欢观察几何图形的物品。此时宝宝对颜色的辨认能力也增强了，他能够辨认出几种不同的颜色。宝宝开始积极有意识地注意事物，其有效注意力可集中4分钟以上。

心理发育

宝宝的活动范围已经慢慢地扩大了，这时宝宝喜欢在家里和父母追逐打闹，喜欢拖着玩具小鸭子到处走，也喜欢到室外和父母、其他小朋友一起玩耍；对父母的动作和语言有更进一步了解的心理，想模仿父母。

宝宝开始注意到物品位置的改变，对藏起来的物品可以探索找到，会指出身体的多个部位；可以随着父母进行简单的哼唱，还能用竖起的一个指头表示“我已经1岁了”；当别人说和他握握手时，知道伸出手并握住。

这个阶段的宝宝还非常愿意把所有的玩具排成一个长串，像个大火车。宝宝开始在意自己的成果，如果妈妈把他搭建的东西搞乱，或把他搭的火车破坏掉，他会哭，或者会把积木摔了，以示反抗。这时候妈妈要尊重宝宝的劳动成果，宝宝才能学会尊重爸爸妈妈的劳动成果，学会尊重他人。

照顾布娃娃

妈妈准备一个可以穿、脱衣服的娃娃，交给宝宝照顾娃娃的任务：

1 给娃娃穿上衣服、裤子等。

2 给娃娃系扣子、解扣子（如果能为娃娃准备一件带拉链的套头衫，还可以让宝宝练习拉拉链）。

3 给娃娃梳头、洗脸、擦脸。

妈妈要对宝宝的行为进行指导和总结。每次宝宝照顾好娃娃后，再把它放到固定的地方，以此锻炼宝宝的秩序感。

扶着宝宝爬楼梯

父母是不是都喜欢抱着或背着宝宝上下楼梯？这样做确实保护了宝宝不会跌倒受伤，也节省了上下楼梯的时间，但父母们却没有意识到，由于你的一抱一背，宝宝就失去了一个锻炼的好机会。因为对于宝宝来说，上下楼梯这个简单的活动好处多多。

由于在上下楼梯时可能会出现一些意外，所以妈妈要特别小心，注意一些小技巧也是有必要的。在宝宝上下楼梯的时候，陪同宝宝的大人一定要在宝宝的下方。上的时候大人要在宝宝的后面，让宝宝先上楼，万一有危险，比如登空了，你便能拽住宝宝；下的时候大人要在宝宝的前面，让宝宝后下楼，这样万一出了危险，也好施展救护，能够及时拦住宝宝，不会让宝宝滚落楼梯，造成严重伤害。

袋鼠爸爸与宝宝——感受高低、快慢

* 游戏目的

1 发展平衡能力：这个游戏能够刺激前庭平衡感觉，感受高低、快慢。

2 促进语言发展：有韵律的儿歌结合有趣的游戏，对宝宝的语言积累是非常有益的。

* 游戏方法

1 爸爸站立抱好宝宝，边说儿歌边怀抱着宝宝学袋鼠跳。

2 儿歌："袋鼠爸爸，有个袋袋，袋袋里面，装个乖乖。"

3 将大床单的四角打好结，使之像一个口袋的形状，然后让宝宝进到袋子里。爸爸双手拎着袋子，学袋鼠跳着走。

4 妈妈也可参与到游戏中来。爸爸和妈妈可以用接力的方式来把宝宝转移给对方，一会儿是"袋鼠爸爸"，一会儿是"袋鼠妈妈"，有爸爸妈妈一起跟他玩，他会觉得更有意思。

TIPS

玩这个游戏时要选择没有障碍物的场地。用袋子时一手拎住袋子，一手可以搂着宝宝的腰来保持平衡。

球来球往——发展运动机能和协调能力

＊ 游戏目的

1 发展运动机能和协调能力：这个游戏需要宝宝会使用手，也会思考目标，目测对方与自己之间的距离、加上要斟酌力道等，非常适合发展更复杂的协调能力。

2 发展社会交往能力：互动的游戏可以让宝宝学会配合，懂得什么时候采取什么行动才能将事情做得更好，这会帮助宝宝学会建立起良好的人际关系。

＊ 游戏方法

1 让宝宝张开两腿坐着，妈妈坐在离宝宝不远的地方，以宝宝的两腿间为目标，将球滚过去让宝宝接住。

2 鼓励宝宝接到球后再用同样的方式把球滚回给妈妈。

3 当宝宝学会抓住最佳时机把球滚回去时，就可以慢慢地拉开两人之间的距离，将难度加大。

TIPS

手腕用力向目标方向推是滚球的关键技巧，妈妈要提醒宝宝。

宝宝也需要妈妈的安慰

* 宝宝也会安慰妈妈

妈妈有没有发现，当宝宝“狠心”地打了你一下，你故意做出一副很委屈的样子在假装哭泣时，宝宝看见了，会略想一会儿，然后很快地向你身边靠近，并亲昵地挨着你的脸，左脸挨挨，右脸挨挨，让人很是感动。小家伙居然会安慰人了！亲情之爱，本是自然天成，子女对父母的爱更是与生俱来。

* 妈妈可以这样安慰宝宝

妈妈一定会遇到这种情况——宝宝不知原因老是哭闹，平时听见妈妈的声音、抱着、搂着、拍背、拍胸口，都能止住的，可是突然这些全都失灵了。

这个时候，教妈妈一个好办法，那就是把自己的脸贴在宝宝的脸蛋上，温柔地在宝宝的耳边跟宝宝说“妈妈在这里，妈妈在这里”。一边说着，手也不要闲着，轻轻地拍着宝宝的后背。如果宝宝还是哭，妈妈也可以坐在旁边假装哭，宝宝可能会突然就止住了，反而过来“安慰”妈妈，亲亲妈妈的脸蛋。

这些话不要对宝宝说

下面这些话妈妈们可能会比较熟悉，因为你有可能有意无意中对你的宝宝说过。事实上，这些话会给宝宝带来很不好的心理影响。

* 你是妈妈从垃圾桶里捡来的

小孩到了一定年龄便会提出“我从哪里来的”之类的问题。长期以来，“你是捡来的”几乎成了家长们的“统一答案”。事实上，这样回答容易伤害宝宝的心灵，使得亲子关系产生隔阂。所以，父母应该为宝宝提出这样的问题而感到高兴，因为宝宝的提问反映出他在渐渐地长大，自我意识强了，也开始对生命的来源产生好奇。妈妈可以用生动而科学的回答满足他们的好奇心。

* 你再哭妈妈不要你了

宝宝年龄尚小，对别人情绪的理解很有限，他们往往通过别人的面部表情、外部行为去认知别人的情绪，而对成人一些复杂的内心体验难以理解，他们会把爸爸妈妈的离开当成是真的离开。这个被很多家长惯用的假装遗弃宝宝的招数，对宝宝的心理发展有很大伤害，极大破坏了宝宝的安全感。

* 不听话打你了

有时候，宝宝的表现确实令父母很生气，气愤至极的父母经常在动手前警告：“再不听话我要打人了”这一类空洞的话，只会降低父母的威信，不会有任何实际效果。恐吓不利于宝宝塑造良好的个人品质，反而会造成胆小、怯懦、软弱的个性品质。

* 我说不行就不行

这是典型的“暴君式”教育方式，缘于家长头脑中的“子从父”的传统观念。这不仅会影响亲子关系的建立，导致亲子之间的对立和冲突，更会破坏宝宝的公正心，妨碍宝宝的民主意识、协商能力的发展，甚至还会滋生宝宝的暴力倾向。

“乖乖（吃饭、洗脸、穿衣服……），妈妈给你买（巧克力、奥特曼、天线宝宝……）”。

物质奖励看似是一种增强宝宝动力的保障，其实弊大于利。如果他不好好吃饭你就惩罚他，乖乖地吃饭就奖励他，他会误以为吃饭、学习等事情是为爸爸妈妈而做的，这样一来，奖励机制就破坏了宝宝对事物的正常理解。这种教育方式还在一定程度上助长了宝宝的功利心。

* 你看看人家……

或许这是家长们为给宝宝树立榜样而最爱说的一句话，而恰恰是宝宝们最讨厌的一句话。这种比较，对宝宝价值观的确立是一种极大的干扰，对于宝宝的自我评价系统也是一种破坏。这句话对宝宝的危害主要在于：它破坏了宝宝的心理平衡，不利于宝宝的内心成长，容易让宝宝产生挫败感，让宝宝失去信心，造成对父母的心理抵触。

* 你怎么这么笨

每一个人与生俱来都有“获得认可与欣赏”的需要。宝宝的心灵最单纯，这方面的需要更强烈。你无意间气急败

坏地责骂宝宝“笨”、“蠢”，会让宝宝无地自容、妄自菲薄、不知所措，增加逃避心理。这种言语会毁灭宝宝的自信心，也让宝宝的心理素质形成恶性循环。

宝宝爱搞“破坏”，要不要制止

＊ 爱搞“破坏”是创造力萌芽的表现

一位母亲，因为宝宝把自己刚买的一块金表当新鲜玩具摆弄坏了，狠狠地揍了宝宝一顿，并把这件事告诉了宝宝的老师。这位老师却幽默地回答说：“恐怕一个中国的‘爱迪生’被你毁掉了。”母亲不解其意。老师分析说：“宝宝的这种行为是创造的一种表现，你不该打宝宝，要解放宝宝的双手，让他从小就有动手的机会。”

这个故事发生在半个世纪前，而那位老师，是20世纪初我国著名的教育家陶行知先生。

其实，宝宝爱搞“破坏”是天性使然，也是创造力萌芽的一种表现。

＊ 如何应对宝宝的“破坏”行为

给宝宝适度的“破坏”空间，满足和培养宝宝的好奇心，在家庭教育中是一个极其重要的方面。其实，宝宝如果对某种物件产生兴趣，不妨加以正确诱导，使宝宝在破坏的过程中学到更多的知识。比如说，可以当着宝宝的面，把一只气球从空瘪的原状吹胀，再把气放掉，甚至拍破，还可以让宝宝自己试试。再比如说，做父亲的可以和宝宝一起动手，把机械玩具拆开来，看一看玩具为什么会动，然后，再当着宝宝的面一一装好。当然，最好能让宝宝自己动手装，装不上时再帮助他。这样一来，既满足了宝宝的探索心理，又培养了宝宝的动手能力，一举两得，何乐而不为呢？

＊ 如果宝宝喜欢弄“坏”玩具

有些宝宝这个时候特别爱将玩具弄“坏”。花几十元钱给宝宝买上一个会自动开车、响喇叭、亮灯、转弯的电动玩具卡车，可没过几天，就被宝宝拆了个七零八落。好好一件玩具，成了一堆废铜烂铁，着实让人有些生气。可妈妈应该想着宝宝的这种行为正说明宝宝探求思考能力的加强。可是，总不能无限制地让他弄坏一件又一件呀，妈妈应该怎么做？

首先，妈妈要理解宝宝拆玩具的出发点是好奇心和探索欲。宝宝拆玩具是积极思考的表现。所以，妈妈对宝宝不能予以训斥、责骂和讽刺。否则，就会扼杀宝宝的好奇心和求知欲。

其次，如果发现宝宝喜欢拆玩具，在购买玩具的时候就多给宝宝买一些易拆装的玩具。让宝宝在拆装玩具中增长知识、培养兴趣，甚至和宝宝一起拆装，探索其中奥秘。

另外，对于一些有危险性的玩具或物品，如电灯、收录机等，尽量别让宝宝接触。对于一些结构性能比较复杂、容易损坏的玩具，可以由妈妈亲自动手拆装给宝宝看或告诉宝宝，并让宝宝明白“东西不能随便乱拆，否则就会弄坏”的道理。

第15章

16～18个月的宝宝

感觉发育

* 肢体运动发育

宝宝的手指精细动作越来越灵活，他会用小勺吃饭，会自己端着杯子喝水，还会自己脱鞋子、摘帽子，还能一个台级两步地上楼梯。

* 语言和听力发育

17 个月的宝宝能够说出自己的小名，也会使用一些简单的句子和父母进行交流。当然，他已能理解更多的词语含义，父母发现此时的宝宝差不多已是一个可以平等对话的小人儿了。高兴的时候他还会哼唱一些简单的歌曲。

* 专注力与视觉发育

宝宝一个月一个月地长大了，他对于新奇的事物给予越来越多的关注，对客体的永久性认识也日益成熟，注意力也更容易集中，其有效注意力可达 5 分钟左右。17 个月的宝宝能够说出几种颜色，图片可认出四五种，会认识三角形，会模仿着用笔画线。

心理发育

宝宝在 16 ~ 18 个月特别喜欢和人玩耍，愿意替父母拿这拿那，喜欢和父母玩追逐打闹的游戏，喜欢父母和他玩搭积木的游戏，已会背诵儿歌、诗词，会很卖力地在人前人后背诵。这个月龄的宝宝差不多都特别喜欢玩水。

宝宝的记忆能力有了很大的提高，他能够记住父母给他所讲故事的大概情节，也爱听父母讲故事并能够听懂。他会依照指令将物品归类，将积木堆积起来。在音乐理解方面，他会随着音乐节奏扭动身体，并能够记住常听的音乐。他会区别多少，可以用手指表示数字。这个阶段的宝宝已能主动地运用表情表达自己的喜、怒、哀、乐等。

经常给宝宝讲故事

这个年龄阶段的宝宝已经表现出喜欢听大人讲故事，不过，宝宝的注意力仅能保持很短的时间，很容易受外界环境的干扰，宝宝的兴趣常随着眼前的需要而发生转移。所以父母不要因此就断定宝宝不喜欢听故事，而失去讲故事的耐心。

尽管宝宝听不懂你讲的故事所要表达的意思，但无形中能给宝宝带来很多收获，比如，语言表达能力、记忆力、理解力的发展等，还能增强亲子间的感情。所以，哪怕宝宝一句也听不懂，父母也要有耐心地经常给宝宝讲故事。只要学会一些技巧，宝宝会越来越喜欢听故事，也会越来越关注故事的内容，从而发展宝宝的思维力、想象力、创造力等。

在给宝宝讲故事的时候，父母不能单纯地讲，要拿着小动物玩具之类的“道具”或是图画书，指点着故事中主人公的形象给宝宝看，这样能使宝宝听得更明白，注意力也容易集中。

值得注意的是，宝宝喜欢听你重复讲解他熟悉的故事。故事不必多，同一个故事，同样的主人公，你那同样的语调，他会感到特别的亲切。这是与他的记忆力和理解力的发展水平相一致的，随着这样反复地练习，他的记忆力和理解力也就渐渐得到了提高。

引导宝宝玩水、玩沙

宝宝天性最喜欢玩水，且在玩水过程中能学到很多知识。父母不要阻止宝宝玩水，而是要主动领着他玩水。

给他准备小桶及小铲子、小杯、小碗等用具，教他在沙堆旁挖洞、筑堤；用小铲子往桶里堆沙、放水再倒出来；用小碗当模具制作一个个沙碗；用小手抓起沙子，再轻轻地撒下，那感觉，令宝宝欣喜无比。总之，水和沙都没有固定的形状，可以按宝宝的意愿千变万化地尽情玩耍，以促进宝宝的身心发展和适应能力。因此，家长应适时安排宝宝玩这类游戏，但必须陪伴在宝宝的身边。

培养宝宝的想象力

对宝宝来说，想象力是十分重要的，这将会大大地拓展宝宝的视野。下面是一些发展宝宝想象力的趣味题，妈妈可以和宝宝一起做做，一定会非常有意思的。

1 买上五六种水果，让宝宝自己做水果拼盘，充分发挥他的想象力，说不定能得最佳创意奖呢！

2 今天让宝宝做世界的主人（当然是他自己的小世界），由宝宝设计自己房间的布置，妈妈必须听宝宝指挥，看看宝宝是否有设计方面的天分。换一种家具的摆法，换一种思维，或许能触动你的灵感。

3 买一块价廉的布料，由宝宝自己动手裁剪，世界超模穿上会不会得奖？

4 少买电动玩具，多买一些手动玩具，并且最好是母子一起动脑自己设计玩具。给宝宝一个可乐瓶和三个小时时间，看看能变出什么诱人的新型超级玩具。

5 给宝宝讲一个故事，让他动动小脑筋，设计两个不同的结局。

6 星期天，妈妈做一次懒人，让宝宝安排吃什么菜、喝什么汤（必须是家里从来没有这么搭配过的），想象一下是不是很美味？

7 问问宝宝，如果从今以后全是白天或全是黑夜，他还会不会像现在这样生活？

见样学样——促进对事物因果关系的了解

＊ 游戏目的

1 发展动手能力：宝宝在日常生活中模仿家长的行为，以促进动手操纵工具的能力。

2 促进社会行为能力：模仿和游戏是学习最主要的方式，通过模仿家长的行为，让宝宝可以一边玩一边学习像电话或遥控器等常用工具的用法，促进对事物因果关系的了解，同时也能让宝宝很有成就感。

＊ 游戏方法

1 像手机、面纸、遥控器、电线等，在宝宝的周围有很多可以刺激他的好奇心的东西。不过拿真的东西来玩的时候很危险，可以买和真的东西相似度很高的玩具给宝宝玩。

2 刚开始时，妈妈可以示范玩法，如玩电话游戏时，妈妈可以当宝宝的通话对象，和宝宝一来一去地交流。

3 随着宝宝能力的逐渐提高，可以让他真的参与以前只能看不能做的事，例如，家中有电话打过来，宝宝抢过去接，那就让他接好了，妈妈只需教他如何应答。另外，诸如“宝宝，请把电视机关掉”“帮我抽条纸巾出来”等，这些都是宝宝很热衷于做的工作。

TIPS

玩具做得再真也是玩具，这一点宝宝很快就会明白，所以他还是喜欢真实的东西。如果给宝宝玩真的用具，一定要看护好。

裹成小粽子——开发探索精神

＊ 游戏目的

1 发展触觉：这个游戏能使身体各个部位都产生接触的刺激，也是促进神经系统传导功能的一种简单方法。

2 开发探索精神：全身被包裹得紧紧的会给宝宝一种安全感、神秘感，宝宝喜欢这种生活中难得碰到的特殊体验。

＊ 游戏方法

1 妈妈用一条大的毛毯或浴巾，把宝宝紧紧地包裹在里面，胳膊和腿都不能再动，只留头在外面，像一个小粽子一样。

2 停五六秒钟后再放开，重新再玩一次。

3 再加点难度试试：让宝宝躺在长毛巾的一端，然后随着宝宝的滚动，使毛巾裹到宝宝身上，然后，妈妈拿着毛巾的另一端，再将毛巾抖开，宝宝会随之反向滚动。

个别宝宝可能不太适应这个游戏，可以先让宝宝熟悉被包紧的感觉后，再来尝试这个游戏。

鼓励宝宝做家务

做家务应当是妈妈给予宝宝最好的教育之一。宝宝协助做家务，可发展他身体和心理上的技能，还可以训练他的观察力、理解力、应变能力及体能。宝宝每学会一项新的家务，他的能力和自信心便会向前迈进一步。而借由做家务，宝宝也会有参与感、成就感和荣誉感，培养宝宝对家庭有责任心和归属感，培养宝宝独立性和自主性。

下面有几点引导宝宝做家务的注意事项：

1 把握时机。宝宝都有强烈的好奇心，妈妈要把握时机训练宝宝做简单的家务，耐心地告诉他正确的方法。

2 视年龄交托家务。哪些家务可以交由宝宝帮忙，得视年龄而定。

3 陪宝宝一起做。和宝宝一起做家务，他一定会很高兴，对宝宝而言，都是有趣的游戏。可陪宝宝一边做家务，一边聊天，以增加做家务的乐趣。

4 肯定他的努力。妈妈要让宝宝有参与家务的机会，并多给予鼓励、赞美，使宝宝从工作中得到成就感及自信心。

5 在教宝宝做家务时，妈妈要有耐心且不厌其烦。虽然宝宝的热心参与可能往往是越帮越忙，如洗菜、洗水果，溅得到处都是水，妈妈必须容忍这些混乱，并将每件事分解成小步骤来教宝宝。

拒绝而又不伤害宝宝的技巧

宝宝慢慢地已经能够说很多话了，同时变得越来越不讲道理，喜欢跟大人捣蛋，还时不时提出一些无理的要求。这时父母要讲究沟通技巧。

* 巧用“冷处理”

2 岁左右的宝宝会故意做一些恶作剧，以观察父母的“紧张”反应。例如，父母说：“别打开电视机，我们干点别的事。”话音未落，宝宝会故意跑过去把电视机打开，然后在一旁幸灾乐祸地等着父母发作，好看“热闹”。这时，父母应当故意装做看不见，自己去干别的事。当宝宝故意的逆反行为讨了个没趣后，就会渐渐地停止这种恶作剧。

* 转移注意力

对待宝宝不合理的要求或有危险的活动，可以采取转移注意力的办法进行软处理。如

宝宝已经吃了很多冷饮，还想再吃。父母先不要正面回答他，可以让宝宝打开电视机看一些有趣的节目，也可以给宝宝一件最喜欢的玩具，或者干脆带宝宝到外面去玩，等等。当然，对于一些无关紧要的小事，可以故意让宝宝赢上一两个回合，也可以满足宝宝“当家做主”的愿望。

* 适量地说“不”

除了委婉地给宝宝吃“闭门羹”之外，父母也应当给宝宝提供学习服从的机会，即坚定地对宝宝说“不”，这是所谓的“最佳挫折训练”。当然，在此之前，父母要充分地衡量宝宝的心理承受能力，切忌对宝宝的心灵造成伤害。

必要时对宝宝说“不”，对宝宝的心理健康是非常有益的。

表扬宝宝有技巧

表扬是父母常用的一种鼓励宝宝的方法，用这种方法肯定宝宝的优点，鼓励宝宝的进步，效果很好。但表扬要讲技巧、讲艺术，如果方法不对，会适得其反。

* 该表扬的表扬

宝宝做出值得表扬的事情，才能给予表扬，这样才能给宝宝留下深刻的印象。

* 表扬要具体

父母应特别强调宝宝令人满意的具体行为，表扬得越具体，宝宝对哪些是好行为就越清楚。比如，两个小朋友在一起玩耍，一个小朋友摔倒了，爬不起来就哭了，另一个小朋友跑过去把他扶起来，帮他拍净身上的土，把小朋友送回家。如果父母说宝宝今天真乖，宝宝往往不明白“乖”是指什么。你可以这样说：“你今天把小朋友扶起来送回家做得很好，妈妈很高兴，以后你和小朋友在一起玩耍，就像这样互相关心、互相帮助。”用这种方法既表扬了宝宝，又培养了宝宝关心别人、助人为乐的良好行为。

* 要及时表扬

如果宝宝做了某一件好事，父母就应立即表扬，不要拖延。否则，时间过长，宝宝对这个表扬不会留下什么印象，更不能强化好的行为。

* 不要轻易责骂宝宝

虽然在“称赞”与“责骂”两种教育方式中，后者往往较能发挥教育效力，但常常挨骂的宝宝，会为了反抗而发展出不正常的能力，所以，父母不要轻易责骂宝宝。如果无法教给他正确的做法，至少也应讲解受责骂的原因。尽管他不能完全理解其挨骂、挨打的理由，但也会从大人的态度上知道自己到底错在了哪里。

总之，表扬宝宝要讲究艺术，通过表扬使宝宝增强分辨是非的能力，并鼓励他不断地上进。

第16章

18～20个月的宝宝

成长发育

感觉发育

* 肢体动作发育

这段时期的宝宝似乎总是闲不住，他一会儿跑到床上，一会儿又爬到桌子底下、沙发背后。爱动是这个时期宝宝的最大特点。宝宝会向不同的方向抛掷皮球，还会用蜡笔在纸上画出线条等。

* 语言发育

这个时期的宝宝说话明显增多，已能说出 50 个以上的词语。宝宝开始进入双词句阶段，慢慢地将两个词合在一起练习，父母要注意在这个时期加强对宝宝语言方面的训练。

心理发育

* 肢体动作发育

这个时期的宝宝喜欢爬上爬下，还喜欢伴随着音乐跳舞，喜欢念儿歌，喜欢听父母讲童话故事，还喜欢数数字。

在思维方面，宝宝会对新事物有很强的好奇心，喜欢观察新鲜的物体；在音乐理解力方面，宝宝开始唱较长但旋律简单的歌曲，还会随着音乐模仿各种动作等。

智能教养训练

要有极大的耐性

18 ~ 20 个月的宝宝对大人的话可能似懂非懂，而且自己能理解的词语也十分有限，可这个年龄的宝宝偏偏又有非常强烈的表达欲望。因此，往往会造成宝宝表达不是很清楚，或说话语速非常的慢。此时，父母一定要很有耐性地等待宝宝把话说完，并让宝宝讲明白。相信父母的这种认可，会让宝宝找到更多的自信。也因如此，宝宝的语言能力就能自然地得以迅速提高。

宝宝练习倒着走

为了帮助宝宝在行走的过程中能够比较自如地掌握身体的协调与平衡，可以在前几个月练习的基础上，鼓励宝宝练习倒退着走。

刚开始练的时候，宝宝可能会因为害怕而退缩，或是根本走不稳，这时你可以牵着他走。平时去户外活动的时候，也可以有意识地训练宝宝倒着走路。你可以双手牵着宝宝，与宝宝面对面，你向前走，宝宝向后退，边走边和宝宝说话，但是要注意安全。

宝宝练习跳跃

跳跃是宝宝成长过程中必不可少的一个重要环节。宝宝开始走路了，但是父母会慢慢地发现，宝宝已经不能满足原来的慢慢地走路，而是逐渐加快脚步，并且伴随着身体平衡能力的日趋成熟，开始跳跃了。

父母可别小看了跳跃的功劳，你们在日常生活中会发现跳跃动作的熟练有助于宝宝很多方面的发展，比如，他的性格会变得更活泼、喜欢表现自己、不怕生，并且在学习舞蹈等身体语言时，他会学得很快、很协调。父母应该在能保证宝宝安全的前提下多让宝宝跳跃。

学数数

宝宝对物品大小、数量的认识是在对实物的比较中形成的。妈妈搜集大小、质地不同的各类小物品，如积木块、贝壳、纽扣、小瓶盖等，尽量让宝宝用眼看、动手摸、张口讲。宝宝通过多种感观参与活动，比较容易认识物品的大小和数量。还可配合教点数，如口读数“1”，手指拨动一个物品，读“2”，用手指再拨动一个小物品，读“3”，再拨动一个物品，教点数 1 ~ 3。学拿实物“给我 1 个苹果”、“给我 2 个苹果”等。

教宝宝文明用语

在出门前预先告诉宝宝如果遇到熟人该怎样对待，如对熟人说“你好”；告诉宝宝当别人给了自己糖果时，应该说“谢谢”；晚上睡觉前要跟爸爸妈妈说“晚安”……如果宝宝表现良好，父母要给予大大的表扬；如果表现不佳，要明确指出“没有礼貌的宝宝大家都不会喜欢”。

另外，爸爸妈妈在宝宝面前也要多使用礼貌用语，以便潜移默化地影响宝宝。

停！——锻炼对身体的控制能力

＊游戏目的

1 发展运动机能：此时期的宝宝能走、会跑，但总是横冲直撞的，看起来很危险。为了让宝宝避开危险并保护自己，父母有必要教宝宝如何止步。这个游戏可以锻炼宝宝对身体的控制能力。

2 促进社会交往能力：这个游戏可以促进宝宝对规则和口令的理解，如果宝宝对“停”的声音有反应，并且立刻止步的话，非常有助于预防日常事故的发生，也可以锻炼宝宝的反应能力。

＊游戏方法

1 妈妈在带宝宝跑步或走路时可以喊个起始的口令，如“预备跑！”或者“齐步走！”然后带宝宝做跑或走的动作。接着随机地喊“停”，自己跟着停下来。如此重复几次后，宝宝逐渐会明白“停”的意思，并在妈妈喊“停”的时候也跟着停下来。

2 妈妈来喊口令，让宝宝跟着口令来做“走、跑、停”。

3 为了增加游戏乐趣，可以换成宝宝来喊口令，妈妈跟着口令做动作。

4 妈妈可以学各种小动物走路，让宝宝模仿，并在走的时候喊“停”，可增加活动的趣味性。

 TIPS 

刚开始时，宝宝可能不太能控制好自己的身体立即停下来，妈妈不必强求，宝宝只要懂得停就好。

钓鱼——锻炼手眼协调能力

* 游戏目的

1 促进手的动作技能：这是一个非常考验手眼协调能力的游戏，也可以锻炼宝宝的精细动作技能。

2 促进智力发展：帮助宝宝认识磁铁的特性，了解因果关系，激发想象性游戏，还可以锻炼宝宝的意志和耐性。

* 游戏方法

1 在线的一端系上磁铁，另一端系上小棍，以便宝宝用手能握住。然后在一只盒子的底部放上一些钥匙、曲别针、铁珠子等小的铁制玩具。

2 妈妈示范用“钓竿”钓鱼，然后鼓励宝宝模仿妈妈来玩钓鱼游戏，每钓上来一件小东西就用手摘下来，再接着钓。

3 宝宝每钓上来一件小东西后，妈妈都要欢呼表示祝贺：“哇，又钓上一条啊！”得到妈妈的鼓励，宝宝会乐此不疲。

TIPS

可以邀请邻居小朋友一起玩。在玩游戏过程中，妈妈不要干涉，让宝宝自己玩，但也不要离开，以免棍子、磁铁等伤到宝宝。

内向宝宝也可以快乐自信

* 给宝宝一些发呆的时间

父母要注意不要让各种各样的活动把宝宝的时间填得太满。在大人们都高喊压力的年代，宝宝也需要同样没有压力的空间。

给他一些望着天空的云发呆的时间，这种你看来是无聊的活动，其实是宝宝的想象力充分活动的时间。让他可以不受约束地去抓小昆虫、堆个样子奇怪的雪人或者是看蜘蛛结网，这些活动都将给你的宝宝一个自己去探索世界和追求快乐的机会。

* 内向宝宝也可以快乐自信

要想使你内向的宝宝同样感受到快乐，你首先应制造一个没有压力、宽松的环境，让比较内向的宝宝一起嬉戏，彼此之间便没有自卑感。如果让这类宝宝与年纪较幼小的宝宝一起游玩，也可以使其消极的态度大为改善。只要让这样的宝宝拥有自信，经过一段时间，他自然能与同龄玩伴相处和谐，也能开朗快乐起来。

另外，只要有机会就要和宝宝沟通、交流，给宝宝更多的爱和自信。

父母乐观，宝宝才能快乐

* 做宝宝的“快乐父母”

“快乐父母”的定义应该是能够接纳、喜欢、理解自己，让自己每天都有快乐的心情。

唯有父母自己先拥有快乐，才能为宝宝带来快乐！在家庭中，父母是宝宝的榜样、是宝宝的老师，如果父母每天快快乐乐，从容面对一切困难，用阳光般的心情去影响、塑造宝宝，就会给宝宝树立良好的榜样，就能够营造出和谐的家庭氛围，就会增强与宝宝的亲和力。宝宝在这样的氛围里就会快乐地生活，就会愉快地成长，就会有一个好的心态，就会充满自信心，就会面对困难无所畏惧，就会主动克服学习中的困难，就会回报你一个阳光般的希望。何乐而不为呢？

* 你如何快乐起来

1 要培养自己乐观的处世能力。什么事都先往好的方面想。

2 学会疼爱自己。可以每天给自己10分钟，让自己独处，让自己静下来，做自己想做的事情。

3 心胸要开阔。每天给自己一段时间，对着镜子问问自己："你怎么了？有什么委屈吗？是不是很累？"而且一定要长期坚持下去。

4 找到自己的兴趣。去做一件自己喜欢又可以让自己快乐的事，找回玩的能力。喜欢阅读，就去看书；喜欢园艺，就去种植物，你会发现生活因此充满快乐。

5 不要受外界影响，特别是宝宝学习能力对你的影响。

让自己首先快乐起来，不是件容易的事情，需要调整教育理念，改变不良的教育方法和生活方式。

第17章

20～22个月的宝宝

感觉发育

* 肢体动作发育

宝宝的动作发育在父母眼里是一天一个变化，宝宝现在能扶着墙上 3 ~ 5 级楼梯，也会拖着小鸭子快步行走，当然，一些调皮的宝宝也会倒着走。宝宝会跑了，但还不会自己停下来。等到宝宝的神经进一步发育了，宝宝就会自己停下来。宝宝手的动作有了很大的发育，其精细动作发育很快，会用手捏小豆子，也会翻书。

* 语言发育

宝宝的词汇量逐渐增多，已能说出 100 个左右的单字或词，宝宝还会将双词或单词简单地组合在一起表达出自己的意思，如“宝宝睡觉”“宝宝出去”等。随着宝宝语言理解能力和表达能力的提高，宝宝越来越喜欢和别人进行语言交流。

* 记忆能力与观察能力

宝宝能对自己感兴趣的事物产生注意并能记住，而且，宝宝观察图片的能力也有了很大的提高，小花猫、正方形在宝宝的记忆中已能留下印象。

心理发育

宝宝喜欢模仿成人做事，喜欢自己奔跑、上下楼梯，也喜欢拼折物体、玩橡皮泥，喜欢回答父母提出的一些简单的问题，喜欢哼唱儿歌，也喜欢在纸上信手涂鸦。

宝宝能认出几个月前见过的亲人，当然，一些日常用品的名称宝宝也能记住，其思维处于直觉行动的初级阶段，想象力处于初步的萌芽阶段。在数学能力方面，宝宝已能分辨出大的、小的、圆的与方的物体，能理解全部和部分的概念。

有的宝宝还表现出逞强好斗的个性，会发生打人、推人、咬人等各种不良行为，以男孩的表现更为常见。

玩拼图

父母可以将一图一物的美丽图片裁成 4 ～ 6 块，让宝宝自己拼上。

当宝宝玩拼图时，他实际上锻炼了读、写能力及动手能力，同时，还锻炼了解决问题的能力。你可别小看这项能力的训练，一些能够承受压力的人就是从小受到这方面的锻炼，长大后才能在学习、工作中遇到困难时，找到解决问题的方法。

训练踢球

宝宝踢球时，开始可能有许多笨拙的举动，父母应鼓励宝宝大胆踢。先只要求宝宝踢出去就行，然后可以提出更高要求，比如爸爸站在左前方，妈妈站在右前方，向宝宝发出指令：“把球踢向爸爸！”“把球踢向妈妈！”

培养宝宝的合作精神

曾经有一个古老的故事：“一个和尚挑水喝，两个和尚抬水喝，三个和尚没水喝。”因此，合作要想成功地开展，就必须培养宝宝的合作能力。

只要父母是教育的有心人，就可以发现生活中有许多活生生的“教材”。例如，带宝宝到户外活动时，看见蚂蚁搬家，就可以利用这一机会对宝宝进行教育。看蚂蚁搬家是十分有趣的，宝宝常常会久久地蹲在那里观看。这时，妈妈可以告诉宝宝，一只蚂蚁是无法搬动较大的食物的，但许多蚂蚁一块儿搬就能把大块食物搬走了。又如，带宝宝看工人叔叔盖大楼，也可以引导他看这些工人叔叔是怎样分工合作盖起大楼的。

父母可利用这些具体的、生活中的实例告诉宝宝合作起来力量大的道理，培养宝宝初步的合作意识。

跟着妈妈做瑜伽

＊瑜伽小辞典

瑜伽乃梵语Yoga的译音，Yoga字源来自两个字根，为yuj + gham = Yoga，为一致、合一或和谐的意思。瑜伽是一个通过提升意识，帮助人类充分发挥潜能的体系。瑜伽是运用古老而易于掌握的技巧，改善人们生理、心理、情感和精神方面的能力，以达到身体、心灵及精神和谐统一的运动方式。古印度人相信人可以与天合一，他们以不同的瑜伽修炼方法融入日常生活而奉行不渝。

瑜伽就是精神修养与身体训练，再配合正确的饮食及生活习惯。瑜伽的最终目标是控制自己，驾驭肉体感官，以及驯服似乎永无休止的内心，通过把感官、身体与有意识的呼吸相配合来实现对身体的控制。这些技巧不但对肌肉和骨骼的锻炼有益，也能强化神经系统、内分泌腺体和主要器官的功能，通过激发人体潜在能量来促进身体健康。

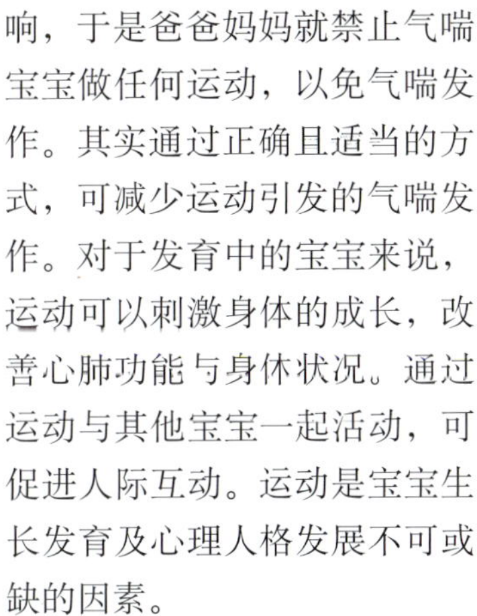

＊气喘宝宝可以做瑜伽吗？

一般人对于气喘的观念是气喘病患无法正常运动，甚至连日常生活都可能受到影响，于是爸爸妈妈就禁止气喘宝宝做任何运动，以免气喘发作。其实通过正确且适当的方式，可减少运动引发的气喘发作。对于发育中的宝宝来说，运动可以刺激身体的成长，改善心肺功能与身体状况。通过运动与其他宝宝一起活动，可促进人际互动。运动是宝宝生长发育及心理人格发展不可或缺的因素。

研究指出，控制良好的气喘宝宝，经由规律且计划性的运动，比起未接受运动的对照

组而言，有较佳的日常活动耐受力及肌耐力。因此，适度运动对于气喘宝宝的身心发展有加分作用，尤其以和缓的瑜伽更适合气喘宝宝。

妈妈可能会认为瑜伽对于宝宝而言太难了。其实宝宝是天生的瑜伽行者，每个宝宝的身体都非常柔软且有弹性，宝宝躺在床上，可能随意一抓，就把脚放进嘴里去了。其实妈妈的身体曾经也是这么的柔软，但是妈妈要费尽力气才能做到此动作。因此，对于宝宝而言，瑜伽一点都不费力。

小米在三四岁时因为感冒并发气喘之后，每天早上起床就一直不停打喷嚏，喷剂更是不离身。父母带着小米探访了许多名医，试遍了各种偏方，小米还因为长期服用药物出现了严重的水肿。在接触瑜伽之后，小米逐渐改善了气喘症状，原本是每天都发作的气喘，现在几乎不发作。

* 瑜伽可宁静氛围，改善呼吸

专家表示，瑜伽视身体为一个整体，身体的生化运作是整体和谐的，如同中医的阴阳五行、五脏六腑的和谐。瑜伽和中医一样也非常重视体质，每个人依照不同的体质，应该强调的体位法也不同，并非头痛医头、脚痛医脚，而是了解宝宝的身心状态，做全面性的调整。针对气喘，瑜伽和中医都非常重视对“痰饮”的调整及后天之本——脾胃的强化。

通常气喘宝宝容易紧张，而情绪与呼吸是息息相关的。当宝宝情绪紧张时，其呼吸是急促的浅呼吸，无法进行顺畅且深沉的呼吸。瑜伽不只是体位法，它更着重创造自然放松的氛围，当宝宝身处快乐氛围之中，便能享受其过程，身体自然放松，进而影响其呼吸状态。瑜伽是通过营造氛围，影响宝宝的身体动作，进而转化其情绪与呼吸的反应。当气喘宝宝的呼吸模式转变之后，气喘症状就会有改善。

专家特别强调气喘宝宝需要自然放松的心情来做瑜伽。家长也许认为瑜伽有益于身体健康，便强迫宝宝练习，但若无适当的引导，宝宝便觉得无趣，甚至反感。通过故事、瑜伽游戏的前导，让宝宝在欢乐、愉悦、平和、放松的情境下，自然而然做瑜伽，这时瑜伽的功效才得以发挥。

* 气喘宝宝纾解 DIY

瑜伽动作尽量先经由专业老师指导之后，妈妈再带领气

喘宝宝利用睡前的 10 ～ 15 分钟，用游戏方式让宝宝放松心情，边玩边做瑜伽。不需要求宝宝将动作做得完美，而是享受其过程。

山式

口诀：我是一座小山，手儿碰天空。

做法：

1 双脚分开，平行站立，双手自然下垂。

2 闭上眼睛，想象自己是一座山，感觉全身的重量落在脚底。

3 睁开眼睛，看着前面的一个点，踮起脚尖，同时将手往上举，好像快要碰到天空。

好处：当宝宝往上拉伸脊椎及开展胸腔，可帮助长高；刺激脚底使头脑清晰，增进身体的协调性；训练集中力，使下盘稳如山。

小提醒：妈妈可以手拿气球，引导宝宝碰触轻飘飘的气球。通过此活动可让宝宝自然伸展脊椎。双脚稳定是山式的重点，山式亦可作为所有站立体位法的预备式。

火山式

口诀：肚子有颗小火球，小火球，热乎乎。五、四、三、二、一，碰！

做法：

1 双脚分开站立，双手合掌放在胸前，膝盖微弯，预备。

2 闭上眼睛，想象自己是一座沉睡千年的火山，即将爆发。

3 从肚子开始往上振动，脚也振动，全身振动，合十的双掌也跟着身体向上，瞬间爆发上举。

好处：身体向上跳跃，刺激全身腺体，促进气血循环，能量往上提升，释放深层的压力与情绪，变得正面与积极。

小提醒：妈妈可以先带领宝宝做山式，身体力量先往下沉之后，做火山式才会有爆发力。借由火山式释放宝宝身体之中的负面情绪，提升正向能量。

鹿式

口诀：小花鹿最温柔，抬起头来，吹吹风！

做法：

1 坐在脚跟上，膝盖并拢，脚背贴地。

2 臀部离开脚后跟，身体向前倾，臀部往后翘。

3 双手往后拉，掌心朝上，十指用力张开，就像是鹿角。

4 下巴微抬，眼睛直视上前方。

好处：强化甲状腺、副甲状腺，刺激末梢神经；强化内脏机能；灵活膝、股关节，矫正驼背，更能扩展胸腔，使呼吸顺畅。

小提醒：妈妈可以与宝宝面对面，闭上眼睛，引导宝宝想象小鹿来到面前，并温柔地看着宝宝，像是要带宝宝去森林玩。睁开眼睛，宝宝看到妈妈也变成美丽的花鹿。也可将

双手置于身后交叉握住，同样能够将胸腔打开来。

乌龟式

口诀：乌龟、乌龟慢条斯理，走起路来不疾不徐。抬头挺胸，深深呼吸，长寿秘诀就在这里。

做法：

1 坐着，双脚张开微弯，自然呼吸。

2 闭上眼睛，想象自己变成小乌龟，硬硬的龟壳下却有柔软的身体，时而探出头来透透气。

3 上半身前弯，将手伸进大腿下方尽量贴地，头往上抬。

好处：增进身体的前弯度，对胃肠有帮助；可收摄能量，安定脑神经，减缓呼吸及心跳。

小提醒：当宝宝身体往前放松之后，缓缓地提起头来，看看妈妈也成了乌龟。每一个

体位法练习，让宝宝通过想象自然模仿，可自由地抬起身体的任一个部位，如手、脚、头。如果宝宝曾经看过这种小动物，就会加深体位的感受。通过对身体的启发，更能享受过程，呼吸也更深沉。

半船式

口诀：我是一艘瑜伽船，碧海白浪扬起帆。帆儿扬起风轻吹，白浪软软推我飞！

做法：

1 趴着，双手往前延伸，双脚往后踢。

2 以肚脐为支点，双手同时将上半身和下半身往上抬起，背脊成一条抛物线。

好处：平衡全身内分泌腺，加强心肺功能，清咳嗽，强化自律神经，使腹部更有力，保持脊椎的柔软与弹性。

小提醒：妈妈引导宝宝闭上眼睛，想象自己是飘起的小船，在蓝蓝的大海上扬起风帆。

桌子式

口诀：桌子桌子平稳站立，强壮四肢真是有力！

做法：

1 双腿伸直，膝盖微弯。

2 手掌及脚掌贴住地板，四肢像是强壮的桌脚。闭上眼睛，想象自己是一张四平八稳的桌子。

3 准备好之后，使用腰腹部的力量将臀部往上抬起。

好处：强化手腕、手臂及腰部的力量，刺激末梢神经；活化内脏功能及提升免疫系统。

小提醒：让宝宝想象自己是一张小桌子或借由妈妈的示范，宝宝模仿其动作。做桌子式时，腹部是最需要用力的地方。由于宝宝常看到餐桌，因此可在腹部中间位置放上盘子。当宝宝的动作更稳定之后，做渐进式的练习。桌子式主要是增强宝宝身体的稳定与协调性，而非支撑时间的长短。

莲花式

口诀：双脚打个叉，变成小莲花！

做法：

1 右脚弯曲，放在左大腿上，左脚弯曲，放在右大腿上，变成安静小莲花。

2 妈妈手环着宝宝的小肚子，宝宝的背轻轻贴着妈妈，放松，自然坐直。

3 引领宝宝轻轻地闭上眼睛。

好处：这是一个身心完全放松的静坐姿势，对于气喘宝宝而言是很重要的体位，使感官回收到内在，增加记忆力、直觉力及专注力，转化呼吸的模式同时找回内在的宁静。

小提醒：莲花式可以在宝宝做瑜伽之前或之后练习。宝宝轻轻地倚靠着妈妈，妈妈感觉宝宝的柔软，宝宝倾听妈妈的呼吸与心跳，感觉亲子之间爱的流动，使宝宝心中充满安全感。

* 瑜伽之后亲子按摩时间

做完瑜伽之后，身体会分泌一层油脂，对宝宝来说，这是最天然的乳液，因此妈妈需要帮宝宝做适当的全身按摩，让身体再吸收。按摩将全身的气畅通到每一个部位，所谓“正气存内，邪不可干”，能够释放宝宝焦虑、紧张与不安的负面能量。

乐于助人的宝宝

* 教会他帮助周围的人

快乐的一个重要原则就是让宝宝感觉到自己在家庭中、在周围的大环境中是一个有价值的成员，自己的行为是非常有意义的，可以影响到其他人的生活。要让宝宝产生这种感觉，你就需要多为他制造一些给予别人帮助的机会。比如，和宝宝一起整理那些他已经不再需要的玩具，捐给福利院或者其他有需要的宝宝。

即便是非常小的宝宝也能够感受到帮助他人的乐趣。在国外有很多专门为宝宝设立的福利机构，这些机构中最受欢迎的活动就是教小宝宝用家里的废旧布条填充玩具熊。即使是只有两三岁的小宝宝也会兴高采烈地帮忙给小熊粘上眼睛和嘴，然后送给福利院的小朋友。

* 给宝宝机会，让他帮助你

对于你的“求助”，宝宝会非常乐意帮忙。虽然，可能你让他去工具箱里拿把螺丝刀过来，而他拿上螺丝刀却跑去抠蚂蚁洞。刚买回来的鸡蛋，他会抢着往盒子里放，可放进一个鸡蛋却要付出打碎几个鸡蛋的代价。但是，他不会觉得自己是在给你添乱，他还会邀功似的告诉你，他刚刚完成了一件多么“重要”的工作，并乐此不疲。

所以，你应该给他机会，让他帮助你。尽管有些时候，你非常想集中精力把事情做得尽善尽美，可是，当宝宝笑眯眯地凑到你身边说上一句“妈妈，让我帮你一起干吧”时，不管心里是多么不情愿，你还是要满脸笑容地答应你的宝宝。因为，这会让宝宝觉得自己被重视而非常开心，还能培养他乐于帮忙的热情。

宝宝要别人的东西怎么办

* “别人家的饭菜香”

俗话说：“别人家的饭菜香。”为什么宝宝总是爱要别人的东西呢?

宝宝常常要别人的东西，尤其是吃的东西，弄得妈妈很难堪。其实，宝宝要别人的东西是一

种很普遍的现象，同样的东西也总是觉得别人的好。这主要是宝宝缺乏知识经验而好奇心又特别强所致，随着宝宝年龄的增长和知识范围的扩大，这种现象会慢慢地消失。

＊你应该这样做

虽然说宝宝要别人的东西属正常现象，但妈妈绝不能因此而放任自流，等待宝宝的自然过渡和消失，而是要采取正确的态度和处理办法。

1 备存一些必需的食品。现实生活中，有些家庭一味强调不给宝宝吃零食，在这方面限制过严，增加了别人家的食品对宝宝的诱惑力，致使宝宝“眼馋”、“嘴馋”，形成不良习惯。同时，家人要把握住分寸，不能用零食代替主食，不能有求必应、无原则地迁就宝宝。

2 平时注意给宝宝讲道理，逐步让宝宝懂得这是“自己”的，那是“别人”的，自己的东西可以自己支配，别人的东西不能随便要、随便吃。即使在对方盛情难却的情况下，宝宝也要征得家人的同意，才能接受别人的食物。在日常生活中，父母应培养宝宝学会控制自己。

3 出门前要先备好一些食物带在身边。如果宝宝讨要别人的东西吃，可以拿出准备好的食物说：“妈妈这儿有，宝宝不要别人的。”以此满足宝宝的需要。

在宝宝看到别人吃东西，自己非要不可时，不妨这样试一试：

1 告诉宝宝，向别人讨要吃的东西不好，大家会不喜欢。如果想吃，跟妈妈回家去拿。

2 转移宝宝的注意力。可以带宝宝离开，或用其他事物吸引宝宝的注意力。如对宝宝说“宝宝，我们去看汽车”、“宝宝，你看那花多漂亮”。

3 争取对方家人的支持，协同教育。应取得周围邻里的谅解和支持，当宝宝向别的宝宝讨要食物时，请别的宝宝不要随便就给，协同做好对宝宝的教育。

第18章

22～24个月的宝宝

成长发育

感觉发育

肢体动作发育

宝宝在走路的方面进步较大，他已能从平稳走逐渐过渡到倒着走、踢球走和跨障碍行走。在手的动作方面，宝宝手的肌肉动作有了较大的发展，他能投掷物品，而且其转动角度也在扩大，精细动作也越来越灵敏。

语言发育

在语言方面，宝宝的自我意识开始加强，日常话语中“我要 ××”的句式多了起来，也开始使用自己的名字，如“×× 要抱”。这个时期的宝宝也能说出常见物的用途，如桌子的用途、碗的用途等。

视觉和听觉发育

宝宝开始观察物体的形状，且开始认识物体的性质。宝宝对各种各样的声音反应越来越敏感，而且他还能复述或模仿一些声音。

心理发育

宝宝仍然喜欢模仿成人的各种行为，他会手忙脚乱地“扫地”、“收拾桌子”。宝宝还喜欢玩气球，喜欢带着物品上床玩，他也喜欢将熟悉的物品根据其形状进行匹配。一些简单的宝宝乐器，如小鼓、小电子琴等都是他喜欢玩弄的。

宝宝的独立性发展表现突出，常喜欢“自己干”，尽管其常常“干不好”，但在父母帮助或“干涉”他时，他会闹脾气。当宝宝高兴时，他会积极主动地与父母“沟通”、“交流”感情。宝宝独立意识的增强还表现在他会将玩具的玩法改变，如他可能会将汽车移到水中让它游泳，这既是他独立性增强的表现，也是他思维和创造力提高的表现。

在音乐理解力方面，宝宝的发音控制能力增强，其身体对音乐的刺激反应也增强。宝宝不仅在音乐方面有了较大的提高，在数学方面宝宝的进步也是很大的，他已会进行同类比较，如他能指出一张照片与另一张照片的区别，还能指认出 1 ～ 3 个东西。

教宝宝解扣子

给宝宝穿上外套，扣上一颗大纽扣。对宝宝说："宝宝，解开扣子。"如果宝宝做不到，妈妈可以手把手地教他怎么解扣子。开始的时候，练习解开胸前能看见的大扣子，熟练之后再试着去解小扣子。宝宝2岁到2岁半时，应当经常让宝宝自己早上学习穿衣、系扣，晚上洗澡前自己解扣，大人不应剥夺宝宝自己学习的机会。

开飞机

让宝宝把双臂在身体旁平举起来，学着开飞机的样子在场地里跑。妈妈嘴里可以给宝宝念一些歌谣，如"小飞机，天上飞，我是小小的飞行员，我带爸爸妈妈去看白云"。做这个游戏最好是妈妈或其他小朋友与宝宝一起做，以训练宝宝在跑动时不与别人相撞。

双脚跳

妈妈拉着宝宝的双手，与宝宝面对面地站立，妈妈先做一遍双脚跳起来的动作给宝宝看，然后让宝宝和自己一起跳。一开始训练时，妈妈最好拉着宝宝的双手让宝宝双脚跳，再逐渐让宝宝拉着妈妈的一只手或扶着东西跳，直至宝宝能够自己跳。反复训练可以增强宝宝身体的平衡力和协调力。

教宝宝识字

想让宝宝识字，可面对多种多样的识字法，父母难免会觉得无所适从。对于宝宝来说，识字应从高频字入手，高频字顾名思义就是日常生活中最常用到的字，目的在于让宝宝尽

早进入早期的阅读，就像是为宝宝打开知识的大门。

识字法是否适合关键要看宝宝的接受情况。宝宝和父母的认知规律不同，宝宝是先整体后部分的，所以教宝宝识字切忌脱离整体。试试看，给他一个具体的语言环境，你会发现他的学习速度产生了让你吃惊的变化。大家可以试试分别教两个宝宝下面这组例子：

A：我喜欢小狗，想和它做朋友。

B：我、小、朋、和、友、它、想、做、喜、欢、狗。

同样的 11 个高频字，不同的是 A 组成了一个整体，看看哪种学得快、记得牢！

让宝宝学会认错

宝宝没有学会道歉，可能是因为不懂得是非概念，不知道生活中什么是对的、什么是错的，为什么是错的，更不知道自己应该怎样改正错误。因此，家长切不可对宝宝动辄责备，应耐心地告诉宝宝为什么错了、错在哪里。

认错需要一定的勇气。宝宝不敢认错，可能是害怕承担后果，家长应给宝宝一种安全感，告诉宝宝每个人都有犯错误的时候，只要改了就是好宝宝，避免宝宝产生畏惧感。

家长应学会向宝宝认错

传统的家庭观念认为家长向宝宝道歉，会丧失自己的威严，所以，不少家长为了维护作为大人的面子，仍然坚持即使做错了也不向宝宝认错。

研究显示，父母向宝宝认错，不仅可以融洽家庭关系，而且可以用现身说法让宝宝明白每个人都会有错的时候，认错不是一件丢脸的事情。父母向宝宝认错，不仅不会因为认错而丧失尊严，反而会让宝宝更加尊敬父母。

赶小猪——锻炼动作的精确性

* 游戏目的

1 发展运动能力：锻炼宝宝手眼的协调性和动作的精确性。

2 发展社会交往能力：这个游戏适合集体进行，可以锻炼宝宝的距离感，帮助他分享与别人一起游戏的快乐，初步了解竞争游戏。

* 游戏方法

1 在一个宽阔的没有障碍的场地上面画出两条线：一条起始线，一条终点线。

2 妈妈站在起始线上，示范用小棍拨着空的矿泉水瓶前进到终点线。

3 然后把小棍和水瓶（“小猪”）交给宝宝，数三个数，开始赶着“小猪”向终点的方向走。

4 多准备一些玩具，与宝宝一起来比赛，看看谁先把“小猪”赶到终点。最好多邀请一些小朋友与宝宝一起玩。

TIPS

玩棍子的游戏时要注意安全，避免碰到眼睛等要害的身体部位，游戏结束后，要将小棍收好。

美丽的底纹——锻炼对笔的控制能力

* 游戏目的

1 发展用手技能：这个时期的宝宝已经学会拿笔在纸上来回地涂画，使之留下痕迹，这个游戏可以给宝宝更多握笔涂画的机会，锻炼宝宝对笔的控制能力。

2 培养画画的兴趣：不要指望两岁左右的宝宝能画出什么像样的事物来，这个活动在乱涂乱画后形成一个成型的图纹，这会让宝宝很有成就感，激起他涂鸦的兴趣。

* 游戏方法

1 找一枚硬币，让宝宝翻过来翻过去地玩一会儿，引导宝宝观察两边图案的不同，并用手摸一摸有什么感觉。

2 拿一张画纸和一枝铅笔，将纸覆盖在硬币上，妈妈示范用铅笔来回涂画，一点点涂出硬币的图纹，然后让宝宝模仿这样做。

3 鼓励宝宝找一找家中还有什么东西可以用这种拓印的方法来涂画出底纹的：干净的鞋底、树叶、凹凸的墙面等，也可用透明的白纸映衬下面的图来画。

TIPS

宝宝涂画时往往会在一个地方来回地涂，妈妈要引导宝宝把还空白的地方涂上颜色，这样才能出现完整的底纹。

我的邮箱——发展社会交往能力

＊游戏目的

1 促进语言发展：发展语言和识字能力，训练符号意识。

2 发展社会交往能力：了解社会交往的一个主要方式——通信，发展社会交往。

＊游戏方法

1 用纸盒和彩纸给宝宝做一个邮箱，有可以打开的门和投递的缝隙，固定在家中门口的墙上。

2 妈妈每天往这个邮箱里投进一些专为宝宝设计的邮件：妈妈可以用宝宝已经认识的字来写一封信，还可以写字卡、图片、明信片、照片或小故事等。

3 把取信件的工作交给宝宝，然后与宝宝一起读这些邮件。读完后把邮件分类，请宝宝收藏好，有时间就拿出来读一读，看一看。

TIPS

妈妈还可发动亲朋好友发些邮件给宝宝。

亲近自然不分平时、假日

爸爸妈妈有多久没有带宝宝走出户外，好好地活动活动呢？专家建议，不要把带宝宝亲近大自然当做是一件事情来做，而且不要认为只有假日才可以做到，其实平日只要花一点时间就可以让宝宝多接近自然。不妨先搜集自己住家附近的信息，看看有哪些可以玩耍的地方，例如附近的小公园，若有沙坑，就可每天花点时间让宝宝玩玩，公园中的秋千也可刺激宝宝的前庭平衡觉，此外，绿缘道旁的小花台，与地面有一点距离，可以让宝宝上去走以训练平衡（若宝宝怕，家长可以牵着宝宝的手），日常的散步时间多让宝宝摸摸不同的植物、闻不同植物的味道。

平日以住家附近的户外活动为主，假日则可选择有点距离的大自然场所，为了让宝宝对亲近自然有兴趣，可以和宝宝讨论想去的地点及想玩的内容，宝宝有参与感玩兴会比较高。家长不需给自己太大的压力，认为一定要活动一整天才行，有时候玩个半天可能大人、小孩都累了，这时不必勉强，累了就回家休息，主要是活动的质量好，亲子互动佳就达到目的了。

不要助长了宝宝的虚荣心

* 这些行为要禁止

家庭教育中，不少的父母存在着不同程度的虚荣心，对宝宝的健康成长危害很大，其主要表现有：

1 常在别人面前吹嘘宝宝。父母过高地评价自己宝宝的发展水平，总觉得自己宝宝最聪明，甚至有些分明是宝宝的缺点，也带着欣赏的口吻加以谈论。这样做会使宝宝从小养成自高自大的心态，想当然地以为自己是最棒的，长大后也总是希望自己什么都是最好的，助长了宝宝的虚荣心。

2 过分强化技能早期训练。过早地让宝宝学弹琴、画画、数数、识字等，不顾宝宝的兴趣、爱好、天赋和能力，什么都要宝宝学，什么流行学什么。这种教育上的急功近利有害于宝宝的正常发展。

3 一味要求宝宝冒尖显眼。父母认为自己功名无望，把一切希望寄托在子女身上，总担心宝宝落后于人，特别注重宝宝的名次、分数。为了使宝宝出人头地，父母不惜动用各种奖惩手段，或是物质刺激，或是实行强迫学习。这些教育方式必然导致宝宝求胜心过强而难以承受挫折。

＊你应该这样做

父母应当从素质发展的角度，从宝宝个性完整的视角对宝宝加以培养；对宝宝的各方面情况必须进行全面分析、正确估计，在全面了解宝宝实际水平的基础上，提出合理要求。绝不可因为赶时髦，让宝宝什么都学。否则，不仅希望落空，还会害了宝宝。

记住：自然的才是最美的。只要培养宝宝拥有诚实、正直、善良、上进的普通人的人格，最要紧的是活得开心、过得愉快，作为父母都应当为这样的宝宝而骄傲。

宝宝爱告状，妈妈该怎么做

＊宝宝爱告状的原因

有的宝宝喜爱“告状”。爱“告状”的原因有以下几方面：

1 为宣泄紧张情绪而“告状”。有的宝宝与伙伴发生了矛盾，或受了委屈，而向成人“告状”。这实际上是宝宝宣泄紧张情绪，减少忧虑，以达到心理平衡的过程。宝宝把成人作为诉说的对象，说完后会心满意足。

2 “告状”说明宝宝有了一定辨别是非的能力。但宝宝总是先看到别人的缺点，而忽视自己的缺点，即使这些缺点与别人的一样也不容易发现。所以，宝宝喜欢告别人的状，以示别人不好而自己好。

3 宝宝“告状”是为了寻求解决问题的方法。宝宝遇到问题时常手足无措，他便“告状”，以求成人帮助解决问题。

＊当宝宝“告状”时，你应该怎么做

1 以尊重、理解宝宝的态度认真地倾听。当宝宝“告状”时，成人不应以“去，我忙着呢！”或简单地应一句“知道了”这样的方法去对待。这对宝宝是不礼貌、不尊重的，会使宝宝更感委屈。成人应耐心倾听，并从宝宝的角度去尊重和理解他。

2 弄清事实，帮助宝宝寻求解决问题的办法。成人应弄清宝宝“告状”的原因，适当地安慰宝宝，但不应完全相信自己宝宝的话，更不应找别的宝宝的家长争吵，应鼓励、启发自己的宝宝说出事情的过程，想想是谁的错，该怎样解决问题。

3 通过“告状”，了解自己宝宝的缺点。宝宝“告状”时说的别人的缺点，很可能也是他自身的缺点。成人应留心，并启发宝宝：“××这样做不对，你应该怎样呢？”以帮助自己的宝宝从中吸取教训。

第19章

24～27个月的宝宝

感觉发育

＊肢体动作发育

不论是大动作，还是精细动作，宝宝的活动都有了较大的提高。他特别爱动，常常是连走带跑的，还能交替双足上下楼梯，能用勺子或筷子吃饭，也能爬上楼探取物品。在精细动作方面，已能够串1～3个珠子。

＊语言发育

宝宝的语言能力大有发展，能说出父母的名字，也会有目的地说出“谢谢”、“再见”等词语。会说一些简短的句子，如“这是我的”、“我做的”等，会使用人称代词“我”“你”“自己”，不过经常会出错。

这个时期的宝宝会哼唱有字歌或宝宝自己编的无字歌，还喜欢背诵儿歌和诗词等。

＊专注力发展

随着宝宝活动范围的增大，宝宝的观察力增强了，已能辨认一些事物，而且宝宝越来越多地关注对象的细节，能分辨细节的大小和颜色的差别。不过，此段时期宝宝的注意力还很容易分散。

心理发育

宝宝的独立意识越来越强，对周围的事物也给予越来越多的关注，常常告诉别人自己的名字、年龄等，喜欢涂鸦的心理仍然存在，宝宝在这时比较喜欢画圆圈。

在记忆、思维和创造力方面，宝宝的瞬间记忆力开始增强，也会开始思考问题，但个人色彩较浓、独创性较强，同时随意性较大、思维方式简单、方向性不强。此时的宝宝还知道晚上睡觉，天亮了起床。在数学能力方面，宝宝能根据一定的规则对物体进行分类，对物体的数量多少也有基本概念。在音乐理解方面，宝宝对不同的音乐旋律会有不同的反应，音乐节奏快时表现为兴奋，节奏舒缓时则表现比较放松。

和宝宝说话时应多加描述

父母和宝宝说话，应尽量使用连接性的句子，当宝宝说“那个、那个”的时候，即使家长知道宝宝说的“那个”是指什么，也最好完整地回答宝宝：“是这颗糖吗？”“是床上的那只小猫吗？”争取引导宝宝说出“对，是那只小猫”等连接性句子。家长和宝宝说话时应多加描述，不要拿“这个”让宝宝闭嘴。

玩七巧板

七巧板由七块几何图形板组成。这些几何图形板是由一个正方形分割而成，它包括 2 个大的三角形片、1 个中三角形片、2 个小三角形片、1 个正方形片和 1 个平行四边形片。大人要引导宝宝利用 7 个几何图形板摆出各种图案。这种游戏不仅能发展宝宝的手指精细动作能力，而且能训练宝宝的想象力和思维能力。

上高处够取物品

将玩具放在高处，在家长的监护下，看宝宝是否学会先爬上椅子，再爬上桌子站在高处将玩具取下。让宝宝学会四肢协调，身体灵巧。

训练前，家长要先检查桌子和椅子是否安放牢靠，并在旁监护不让宝宝摔下来。宝宝学会了上高处够取物品之后，家长要注意，洗涤剂、化妆品、药品等凡是有可能让宝宝够取下来误吞、误服的东西，都应锁入柜子内，不能让宝宝自己取用。当宝宝能取到玩具时家长应即时表扬：“瞧！我们宝宝多棒！真能干！”

和宝贝一起做瑜伽

*从小打造好体魄，和宝贝一起做瑜伽

瑜伽已经成为现代人越来越普及的运动之一，只要有足够的空间就可以轻松地伸展及做肢体训练。然而瑜伽不只适用于大人，婴幼儿做瑜伽更有许多好处，特别是能增强身体免疫力、改善情绪问题，和宝贝一起从游戏中开始简单的瑜伽吧！

心心相印

做法：

1 将宝宝抱入怀里，宝宝的耳朵自然贴着妈妈的胸口。

2 宝宝轻轻地倚靠着妈妈，妈妈感觉宝宝的柔软，宝宝倾听妈妈的呼吸与心跳，一股爱的波流，暖暖地升起。

3 放松，自然深呼吸，享受片刻的宁静。

好处：

很好的放松及调匀呼吸的姿势，可以在宝宝做瑜伽

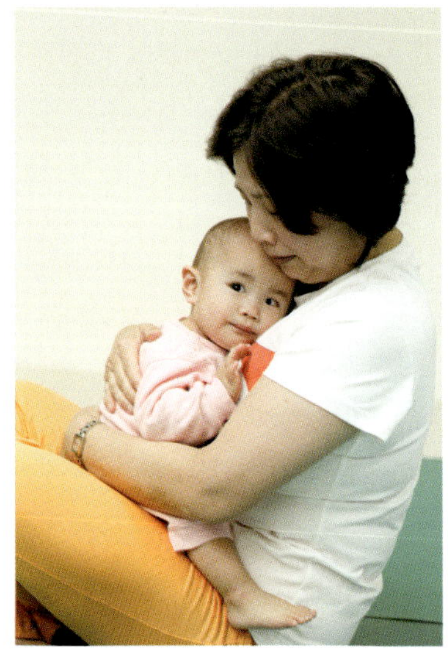

之前或之后练习；感觉亲子之间爱的流动，使宝宝心中充满安全感。

抱球休息

做法：

1 调正宝宝的坐姿，让宝宝轻轻地抱着球。

2 引导宝宝将上半身往前弯，通过球前后微微地移动，自然达到伸展与放松。

3 来吧！让我们再多做几次，靠着球休息一下。

好处：

保持手臂及背肌的柔软与弹性，强化脊椎，对于消化不良、胀气等肠胃疾病有明显帮助，同时可改变心情，消除负面情绪。

长高高

做法：

1 妈妈跪坐，示范给宝宝看脊椎伸展的舒畅模样，跟宝宝说这是做瑜伽。

2 妈妈跪坐（让你的高度更接近宝宝），与宝宝面对面。

3 当宝宝能够模仿"做瑜伽"时，试试握住宝宝的小手，宝宝双脚站稳后自然后弯延伸整条脊椎。

好处：

往上拉伸脊椎，帮助长高，刺激脚底使头脑清晰，增进身体的协调性，更能扩展胸部，使呼吸顺畅。

身体滚滚球

做法：

1 引导宝宝身体贴在球上，妈妈扶着宝宝臂膀，像摇篮一样轻轻地摇摆。

2 以肚脐为支点，哇，飞起来啰！

3 大球前后微微地移动，自然增强腰腹力量及平衡。

好处：

放松身体，促进身体的协调与肌力。

开车车

做法：

1 将双脚打开，臀部稳稳地坐在地板上，左右动一动。

2 将呼啦圈当成方向盘，引导宝宝扭扭身体。

3 身体向前倾，随着呼啦圈弧线左右摆动，准备出发去郊游！

4 妈妈可坐在宝宝后面辅助开车更稳。

5 载妈妈一起出发啰！

好处：

宝宝有着柔软的身体，此练习能帮助宝宝拉伸背部，强化脊椎骨，松动髋关节，增进身体的前弯度，对胃肠有帮助，安定脑神经。

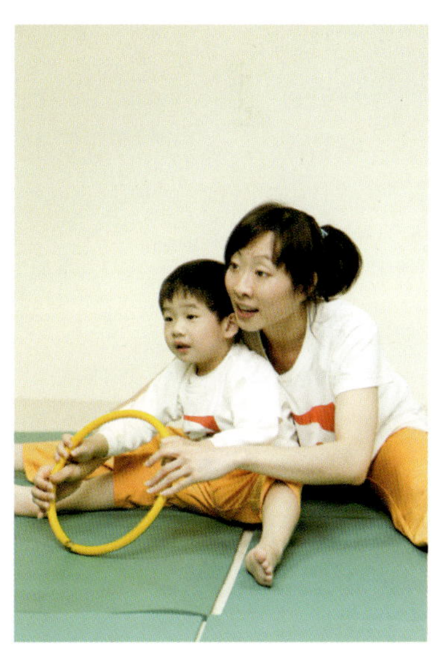

打电话

做法：

1 双腿伸直，轻松地坐着。

2 闭上眼睛，想象用你的脚掌也可以打电话！你要打给谁呢？

3 慢慢地将双手抱住右小腿，将脚掌自然贴到耳朵旁，保持此式 1 ～ 2 秒。

4 来吧！让我们换一只脚再打一次电话。

好处：

保持手臂、腿部关节及肌肉的柔软与弹性。

狮子式

做法：

1 轻松跪着，臀部坐在脚后跟，脚背贴地，膝盖微微分开。

2 闭上眼睛，想象从森林走出一头勇猛威风的狮子，并传来震耳的狮吼声。

3 睁开眼睛，胸部挺起，手握拳举到头上，再将手指慢慢地一根一根地张开，由 1 数到 10 像是狮子的长爪子。

4 大吼一声，舌头尽量向外吐出，同时手放到膝上，身体微向前倾，眼睛睁大凝视前方，保持此式 1 ～ 2 秒。

5 来吧！让我们再做 2 次。

好处：

刺激扁桃腺，对初期的感冒有疗效，可减轻咽喉痛；培养信心，克服害羞、恐惧的情绪；舌头吐出，使唾液分泌旺盛，健胃整肠，促进食欲。

坐飞机

做法：

1 妈妈放松地躺着并弯曲膝盖，宝宝肚子依靠在妈妈小腿上。

2 以宝宝肚脐为支点，妈妈以腹部力量将小腿往上平举。

3 引导宝宝想象身体像小飞机，跟妈妈一起张开翅膀准备起飞啰！

4 飞机降落，眼睛看着宝宝，请宝宝双手放在妈妈手臂上，让宝宝放松地稳稳降落，妈妈的下背也会完全放松哦！

5 来吧！让我们再做 2 次。

好处：

拉伸背部，强化脊椎，促进肠胃功能；因扩展胸腔，使呼吸更顺畅，增强免疫系统。

第章

27～30个月的宝宝

感觉发育

＊ 肢体动作发育

宝宝已成了家庭中的一名“劳动者”，他会帮助打扫卫生、收拾桌子，还会自己刷牙、洗水果，其手指灵巧性增加、技巧性加强，会用筷子夹起小粒的食物。

＊ 语言发育

宝宝复述故事的能力加强了。在信息表达方面，四字句、五字句增多，“我要吃水果”、“我要出去玩”是这一时期的常用语。宝宝也能按节拍有节奏地朗诵儿歌。

＊ 视觉与听觉发育

宝宝的注意力集中时间比以前更长了。如果是他感兴趣的东西，其注意力会相应延长。此时的宝宝对声音比较敏感，会根据声音的不同而猜出发声者：“嘎嘎”是鸭子的声音，“叽叽”是小鸟的叫声……宝宝还会听声音猜出多种交通工具。

心理发育

宝宝好像有了更多的小秘密，他喜欢用小嘴对着妈妈的耳朵说话，很神秘的样子。他愿意和外界保持更多的接触。所以，只要妈妈有空闲，宝宝总想和妈妈到外面去玩。

宝宝的记忆能力增强，记忆时间延长，可以复述发生较久的事情。其思维变得活跃，对事物的认识突破习惯性。如在玩沙土堆时，他会做出一些不同的造型。在音乐理解力方面，宝宝知道韵律和歌曲，并能重复一些简单的韵律和歌曲，特别是对动画片中的歌曲感兴趣。在数学能力方面，宝宝可能看到实数数数，如“2个橘子”“4个核桃”。宝宝对物体的体积有了初步的看法，能为玩具找到比较合适的盒子。

教宝宝说完整的句子

教宝宝学说完整句，包括主语、谓语、宾语的句子，如“妈妈上班去了”、“我要上街”、“我要上公园”等，并教宝宝使用一些简单的形容词，如“我要红色的球”“我要穿红色衣服”“我要圆饼干”等。这些形容词一定是简单、形象，是宝宝生活中最常见的。

学习物品或图片配对

先从已经熟识的物品和图片开始。先找出 2 ~ 3 种完全一样的用品或玩具，如两个一样的瓶子、一样的积木、一样的盒子，乱放在桌上。妈妈取出其中两个一样的东西摆在一起，说“这两个一样”，鼓励宝宝找出第二对和第三对。

再找出以前学习认物的图片，先选择 3 对乱放在桌上，请宝宝学习配对。以后一面学习新的物品和图片，使宝宝能从 10 张、12 张、14 张、16 张直至 20 张当中将图片完全配成对子。

教宝宝使用筷子

父母示范用筷子夹红枣到盘子里，然后鼓励宝宝自己夹，最好能比赛，妈妈和宝宝看谁夹到盘子的红枣多。手的活动与脑细胞发育有关，而使用筷子则是一种十分有效的锻炼方法。通过手指的控制活动而有效地刺激脑的运动中枢，所以家长应早点把如何使用筷子吃饭作为一个重要的教育手段施行。当然，太早了有个安全问题，家长要注意。

踢球

2岁前宝宝已经学着踢球，但那时只是将球放于足下，伸脚就能踢着球。2岁以后宝宝能抬起脚踢球，踢的力量大且踢得远了。踢球是一项很好的运动，父母和宝宝一起玩踢球的游戏更会增添情趣，令宝宝奔跑、踢球、捡球，乐此不疲，有助于快乐情绪的培养。

训练宝宝自然观察能力

带宝宝上公园，可是进行宝宝认知能力训练极好的机会。一进公园父母就可以问：“宝宝你看，这棵树和那棵树，哪棵高一些？哪棵离我近一些？”“花是什么颜色？”“鸟在空中飞，那么鱼呢，鱼在什么地方？”

家长同宝宝一起去动物园或养殖园观看动物时，除了让宝宝了解动物的特点、习性、生活习惯外，要注意让宝宝知道动物的用途，为什么要养殖它们，例如养鸭能生蛋、鸭肉可食、鸭毛可以做羽绒衣服和被褥。告诉宝宝鸭生活在有水的地方，可以吃水中的生物，到陆地上又可以吃菜叶和剩饭；不可以把鸭放在养鱼、养虾的水塘里，这样鸭会把鱼苗、虾苗都吃掉；鸭排出的粪便，可以用作庄稼的肥料，也可以用来形成沼气。经过大人讲解，让宝宝逐渐积累知识。

让宝宝与大宝宝一起玩“过家家”

宝宝与大哥哥、大姐姐一起玩“过家家”。在玩“过家家”时，宝宝常常帮助打下手，如帮助搬凳子、拿东西等。有时充当这个小家的宝宝，让大宝宝充当爸爸、妈妈。能参与大宝宝们的游戏，能与别人合作，听从指挥，对宝宝的社交能力、合作能力、思维能力等都有提升作用。

指哪儿说哪儿——培养探索精神

* 游戏目的

1 促进语言发展：帮助宝宝了解事物的名称和特点，丰富词汇，促进语言和认知的发展。

2 培养探索精神：这个游戏能让宝宝得到求知的满足感，培养探索精神。

* 游戏方法

1 把宝宝熟悉的各种小东西围成一圈摆好，拿一个玻璃瓶子或其他能转动的东西在这个圈中间使它转动起来，当瓶子渐渐地停下来后，瓶口指向哪儿就请宝宝快速地说出那个东西的名称。

2 如果宝宝对这些小东西都已经非常熟悉了，就可以再换一批来玩。

3 当宝宝能够准确地说出所指事物的名称后，还可以让宝宝说出所指事物的用途、颜色、形状等，每一遍的要求有所变化，会激起宝宝继续玩下去的兴趣。

TIPS

等宝宝熟练后，可以让宝宝来转动瓶子，由妈妈来说事物名称，或邀请其他小朋友一起玩。

日常用语——锻炼语言表达能力

* 游戏目的

1 促进语言发展：在跟宝宝交谈时，稍微注重一下生活中的用语，宝宝即会逐渐理解诸如时间、所有权、状态等概念，宝宝的语言表达能力也会日益增强。

2 促进社会交往能力：语言的理解和表达是与人交往最有利的工具，而思维的逻辑性也会随之得到发展。

* 游戏方法

1 在日常生活会话中，经常会用到某些语词，如“不是”“和”“然后”“我的”“假如”等。这些语词表面上看起来很简单，实则都包含着某些重要的概念，有的是时间的，有的是所有权的，有的是状态的，应及早让宝宝明白正确的用法。

2 没有了、不见了——利用布娃娃等玩具来教宝宝，让玩具一会儿出现，一会儿藏起来。藏起来时就跟他说：“没有了、不见了。”

3 不是、不要、不能、不会——代表否定意思的语词，可利用平常对话的时候随机而教。

4 我的、你的、他的——表示所有权的语词，可在游戏时造句给宝宝听。

5 是不是、要不要、好不好、在哪里、怎么样——生活中多用这些疑问词来问宝宝问题，可增加他说话的机会，促进他的思考能力的发展。

6 这个、那个、这是、那是——这些都是日常生活中应用最频繁的指示用词，宝宝应比较容易了解。

7 刚刚、然后、必须、想要、可能、因此、经过、从、往、假如、就——这些都是交谈经常使用的语词，在和宝宝对话、聊天时多使用，他自然就能慢慢地体会。

TIPS

不要担心宝宝听不懂，生活中结合情境说得多了，宝宝自然就会慢慢地理解。

不爱洗脸怎么办

有些宝宝天生触觉敏感，不喜欢别人帮他擦洗，家长擦洗时过于用力让宝宝不舒服、水会跑到眼睛中。

* 魔法秘诀

1 准备宝宝专属的洗脸工具。

2 养成吃完东西擦脸的习惯。

3 让宝宝自己动手学会擦脸。

从幼儿班开始宝宝吃完饭就要自己将嘴巴与脸擦拭干净，老师会给每个宝宝一小块软软的化妆棉，请宝宝将化妆棉蘸水，对着教室中的镜子自己练习将眼角、鼻孔、嘴角等处擦拭干净，宝宝擦完后老师会检查，如果没有擦干净会请宝宝再去照镜子找出没擦干净的地方再次清洁。通常在家中宝宝不爱自己洗脸的原因是没有恰当的工具，家长应该先准备一条大小适中、容易拧干的小毛巾，并给宝宝一面专属的镜子，吊挂毛巾的小挂钩，让宝宝拥有自己可以操作的工具与地点，宝宝想做这件事的意愿就会提高。宝宝吃完东西，就请宝宝自己照着镜子擦擦脸，并以轻柔的语调在旁指导哪些地方需要擦拭，若宝宝第一次没办法擦干净，脸上依然有污渍，也不要责怪宝宝，更不要直接帮宝宝擦掉，应该提示宝宝，让宝宝再次去照镜子自己清洁。

不爱洗澡怎么办

不爱洗澡的原因可能有：对水温感到不适、家长过于用力搓痛某些地方、洗头时泡泡水流到眼睛让眼睛不舒服、洗澡不是在愉快的气氛中进行（如被催促）、浴室的环境不够吸引宝宝。

* 魔法秘诀

1 以二选一的方式找出不爱洗澡的原因。

2 平日和宝宝共读与喜欢洗澡有关的绘本。

3 善用小工具营造洗澡时的欢乐气氛。

4 亲子共浴，让洗澡成为亲近的互动时光。

幼儿园阶段的宝宝洗澡多数还是要家长协助，所以当宝宝抗拒洗澡时应该先了解他不喜欢洗澡的原因。对于表达能力还不够好的宝宝，家长必须有耐心以二选一的方式循序问出原因，比如是不是洗澡水太烫或是洗脖子时不舒服。若是中、大班就可以请宝宝讲出原因，找出原因后再一起改善。再者可以念有关喜欢洗澡的绘本来增加印象，专家也建议家长可以营造洗澡欢乐的气氛，例如给宝宝一些可发出声音、可在水中玩的玩具、塑料书，或是可在浴室画图的特殊蜡笔等，吸引宝宝对洗澡的兴趣。同时，“亲子共浴”也可在亲子之间营造出温馨、欢乐的沐浴气氛，让洗澡变成是一家人最亲近的互动时间。

不爱剪指甲怎么办

宝宝不爱剪指甲可能是怕会痛而不愿剪或曾经在剪指甲过程中不舒服。

＊魔法秘诀

1 用鼓励的方式取代命令与责骂。

2 家长的细心可避免剪指甲的疼痛。

剪指甲似乎是很多家长与宝宝都会逃避的项目，宝宝怕痛不敢剪，家长更是剪得战战兢兢。有些家长只好把剪指甲的任务交给老师，造成老师更多的负担，但仍无法解决宝宝不爱剪指甲的问题。专家指出，手部的清洁对于预防细菌是有功效的，尤其是保持指甲干净更是重要，家长应该定期帮宝宝剪指甲，维持干净。这个项目可引用生活事件、时事话题，例如传染病流行季节、班上有同学生病，可告知宝宝同学是因为常把手指放在口中，指甲又没剪藏了细菌所造成的，趁宝宝指甲长且黑的时候讲述病菌问题会危及自己的身体健康，宝宝感受会比较深。也可用鼓励的方式，比如等一下妈妈要包饺子，需要指甲短没有细菌藏在里面的手指帮忙，用此鼓励宝宝先剪完指甲再一起来做好吃的食物。此外，家长也需细心、耐心地帮宝宝剪指甲，减少疼痛的次数，就可增加宝宝的意愿。

不爱刷牙怎么办

宝宝不爱刷牙可能是因为刷牙的技巧太难无法达成，刷牙会痛，家长指导宝宝刷牙时情绪不佳产生不愉快，每次宝宝正玩得高兴时家长就叫宝宝去刷牙、纯粹只是为了反对而反对，没有提供适当的工具。

* 魔法秘诀

1 让宝宝自己挑选牙膏口味及牙刷图样。

2 让刷牙变得像玩游戏一样有趣。

3 平日和宝宝共读牙齿保健相关绘本。

4 请专业第三者来告诉宝宝刷牙的重要性。

为了引起宝宝对刷牙的兴趣，专家表示，可以先让宝宝自己挑选喜爱的牙膏口味以及牙刷的颜色与图样，这是第一步，再来家长不要用命令的语气叫宝宝刷牙，而是要像玩游戏般跟宝宝玩刷牙游戏，例如，宝宝边刷家长边在旁边唱刷牙的儿歌或口诀：“牙齿刷刷，小玉可爱，牙齿刷刷刷，小玉最可爱。”或是家长与宝宝一起刷牙，家长刷3下请宝宝也刷3下，家长咕噜咕噜漱漱口，也请宝宝漱漱口，将刷牙游戏化、趣味化，宝宝就会喜欢、想做。

平日也可念一些有关牙齿保健的绘本给宝宝听，让宝宝有模仿的对象。

此外，也有一些DVD是针对学龄前幼儿生活习惯养成而设计的，家长可让宝宝看完有关刷牙的影片后，趁宝宝对内容还记忆犹新时陪着宝宝练习，立即落实在生活中，效果会比看完很久后再施行佳。另外，可利用专业的第三者来告诉宝宝刷牙的重要，例如在学校老师会让宝宝看干净、洁白牙齿的图片以及蛀牙的牙齿图片，和宝宝讨论、比较。家长可唤起宝宝看图片的记忆以及老师说过的话，或是带宝宝去看牙医做检查时，请牙医告诉宝宝怎么刷牙和刷牙的重要性，这样可加强宝宝重视刷牙这件事。最后不要忘了给宝宝鼓励，等宝宝刷完牙，让妈妈闻闻看，并赞美宝宝："你的嘴巴好香哦！牙齿白白的好漂亮！"

* 爱的小叮咛

关于养成宝宝爱干净的生活习惯，专家表示，聪明父母有几个原则可以遵守：

1 良好卫生习惯必须从生活中养成，应持续融入生活中，变成一种习惯，而不是被独立出来的技巧。

2 良好卫生习惯应该越小培养越好，顺着宝宝的心理、生理发展阶段点滴养成爱干净的习惯。

3 良好卫生习惯应该遍及所有家庭成员，其原则与要求应是一致的，避免标准的不一。

4 良好卫生习惯建立的过程可让宝宝尝试错误。有时家长抵不过宝宝耍赖时，也不需僵持不下，让宝宝为自己的决定负责，如不绑头发、不洗脸，让老师和同学或邻居提醒宝宝"××，今天怎么像只小花猫？"让他自己尝到不爱干净的后果，家长此时再不带情绪地和宝宝重新讨论、建立规范。

只要家长掌握以上的小魔法，相信每个宝宝都会是爱干净的小宝贝。

第21章

30～33个月的宝宝

感觉发育

* 肢体动作发育

宝宝会骑小三轮，能快速跑步，但有时还会跌倒；会使用剪刀，能端装水较满的水杯；能自己脱裤子、穿裤子、穿没有纽扣的衣服；能画直线和简单人物、风景画。这时的宝宝能随意控制身体的平衡，还学会了跳跃动作，会单脚蹦、拍球、踢球、越障碍、走S线等。让宝宝单脚跳绳，观察宝宝能否顺利地完成动作。

* 语言发育

宝宝的词汇量达到200个以上，会使用礼貌用语，和大人进行完整的对话，表达自己的想法等。宝宝说话内容开始丰富，能完整地描述事件，能使用礼貌用语，并对语言有了一定的理解，会自己故意重复说一些自己认为有意思的词逗笑。

* 认知发育

宝宝还知道动物的特点、叫声与生活习性，知道图片中的人是“哥哥”还是“姐姐”。会按父母的指示伸出左右手、左右脚，会辨认4种以上的颜色，对新玩具很感兴趣，但给予注意的时间不像以前接受一件玩具那样饶有兴趣。

* 其他发育

宝宝会从不同的角度观察事物，具有分析问题、思考问题的能力，他能通过观察找出事物间的一定联系。由于记忆力的发展，宝宝可以记住内容较短的吩咐。在音乐理解能力方面，他喜欢重复自己爱听的歌曲，还会吹简单的乐器（如喇叭）。这个时期的宝宝还具有了大致的计算能力，知道增加与减少的概念。宝宝的独立性增加，其反抗性也不断地加强，有时不能自控情绪。

心理发育

这时的宝宝开始了人生的第一个逆反期，特别任性、难管，让人生气，哭闹起来很凶，但只要一满足他的要求，马上就会露出笑脸。此时期的宝宝情绪很不稳定，但都是暂时的、爆发性的。

宝宝开始有意识地寻求与父母的亲近，获得父母的情感支持等行为，当父母在时，他可以将父母作为安全基地进行游戏。

宝宝开始能照顾自己，能理解、照顾他人，在团体中有合作与分享的互动，能与朋友互动玩游戏。宝宝会主动地接近别人，并能进行一般的语言交往。

宝宝能在没有外界的监控下服从父母的要求，并能根据他人的要求延缓自己的行为。父母说："洗完澡后再……"，宝宝能根据父母所表达的意思去引导自己的行为。当父母和宝宝玩大狗熊游戏时，宝宝会因为"怕"狗熊吃自己而控制自己不去动、不去说话，即使父母不断地"引诱"他。但宝宝良好的自控行为要靠父母培养，否则会造成以后的注意力差、易冲动、抑郁等问题。

骑脚踏三轮车

宝宝先学习向前蹬车，家长在旁监护，尽量少扶持，熟练之后，自己会试着左右转动和后退。双足同时踏进，配合双手调节方向，身体依照平衡需要而左右倾斜，这些都是很重要的协调练习。2 岁半到 3 岁的宝宝由于平衡协调能力差，骑脚踏三轮车更为安全。在会骑脚踏三轮车的基础上，还要让宝宝熟练骑三轮车的技能，如会骑车走直路、会拐弯、遇到障碍物会停车等，练习驾驶平衡和四肢协调。

认时间

“吃过早饭可以到院子里玩耍”“等爸爸下班回家”“吃过晚饭该睡觉”“等睡醒后再……”一开始妈妈可以经常跟宝宝说一些具有时间概念的语句，慢慢地发展成具体的时间，如“宝宝 7 点半起床去幼儿园”“妈妈 8 点上班”“爸爸 6 点钟回家”等。

学会等待

对宝宝合理的要求不要马上满足，而是故意增加一点附加条件，让宝宝完成后再满足他，以让宝宝学会等待。另外，妈妈可常说：“宝宝自己玩会儿小车，等会儿妈妈给宝宝热牛奶，然后再跟你一块玩游戏。”让宝宝逐渐学会等待，并且懂得在游乐园里坐木马要排队买票等。

在家玩食物劳作

＊游戏 1　糖果好好吃

色彩缤纷的糖果，就跟真的一样，甜津津的味道令人垂涎三尺！

材料：

日历纸或广告纸、各色玻璃纸、剪刀。

制作过程：

1 将日历裁剪成适当大小，揉成小圆球。

2 用玻璃纸将小圆球包起。

3 将两侧扭紧。

好处：

1 可训练宝宝小肌肉的发展。

2 对于颜色的认知，有进一步认识。

3 依照玻璃纸颜色，还可玩分类游戏。

4 可排列玩数数，增加游戏趣味。

5 亲子间可利用糖果来玩角色扮演等游戏。

＊游戏 2　鱼儿水中游

家中水族箱都装满了各式各样的鱼儿吗？帮宝宝打造他专属的水族箱，还可以制作出各式各样的鱼儿哦！

材料：

空纸箱、鱼类图卡、文化线、毛根、彩色笔、胶带、剪刀。

制作过程：

1 将纸箱侧边割除。

2 请宝宝用彩色笔将鱼类图卡上色，然后剪下。

3 用胶带将文化线一端粘在鱼类图卡背面。

4 另一面粘在纸箱顶端。

5 彩绘纸箱内侧可制造水的波纹状。

制作过程

1 在纸盘上涂上白胶。

2 任意摆上各色发束，并使其粘着于白胶上。发束的颜色多样，粘起来才缤纷。

3 固定好在盘中的发束后，可在汤圆上挤上亮粉胶水。

4 亮粉胶水也可多选择不同色调，丰富彩度。

5 再将吸管粘在亮粉胶水上。

6 在纸箱底部粘上毛根做为水草，就完成啰！

好处：

1 可以训练宝宝的手部肌肉和控制能力，亲子一同玩乐也可增进感情。

2 对于每种鱼类的制作，可以让宝宝发挥创意。

3 完成后的水族箱可以当做家中摆饰，让宝宝拥有成就感。

＊游戏 3　创意汤圆料理

五颜六色的食材最能打开宝宝的胃口，如何利用简单的材料制作食材鲜艳又美味的料理，爸爸妈妈跟宝宝一起来学吧！

材料：

纸盘、吸管、发束、亮粉胶水 、白胶。

好处：

1 用圆圆的发束当汤圆，让宝宝可以自由地发挥想象力并培养创意。

2 这是适合亲子一起做的方式，可使亲子感情增温。

3 满足宝宝喜欢料理，并想要自己做料理的欲望。

第22章

33～36个月的宝宝

感觉发育

* 身体动作发育

婴儿时代宝宝的脊椎骨是笔直的。等宝宝能站会走后，就开始稍稍弯曲起来，到了 3 岁左右，就弯曲得相当明显了。

这种弯曲由四部分组成。颈椎是向前弯曲（前曲），胸椎部分向后突（后弯），下面腰椎部分又微微向前突起弯曲，最下面的部分是骶骨，其弯曲是向后的。脊椎骨形成的这种前曲后弯是为了适应剧烈的运动和保护内脏而起一种弹簧的作用。比如从高处往下跳时，脚下所受到的冲击就会被像弹簧似的脊椎骨吸收而不至于波及大脑。

* 语言发育

在 3 岁时宝宝的词汇应该超过 300 个，能够以 5 ~ 6 个单词的句子交谈，并可以模仿成人发出的大部分声音。

有时宝宝会不停地唠叨，虽然会使妈妈感到厌烦，但对于宝宝学习新词并利用这些词汇思考是必要的。

3 岁的宝宝可能正在学习使用代词“我、你、我的，你的”。虽然这种词看起来简单，但很难理解。

在这个阶段，宝宝的语言开始非常清晰，甚至陌生人也可以听懂宝宝所说的大部分内容。

心理发育

3 岁是幼儿期中最重要的时期。3 岁的宝宝整天蹦蹦跳跳，活泼、灵巧、讲话流利，智力和情感的成长速度非常惊人。在 3 岁宝宝身上同时有着独立欲望和缠着妈妈撒娇的强烈依赖性。

宝宝的思维开始向具体形象思维过渡，可以把记忆里的事物和具体事物联想起来，能用已经知道的、见过的、听过的知识来思考问题。初步理解时间概念；知道父母的工作单位；能分清冬、夏天的衣服和食物，知道自己的性别、姓名与年龄。

宝宝观察能力越来越仔细，开始注意物品间的不同，并做出较复杂的分类工作。在宝宝面前摆放颜色一样的水果、蔬菜、文具等，宝宝可以自己分类。

宝宝已经会倒数 10 以内的数，能说出各类图形形状，会做 5 以下的连加，少数宝宝会做 10 以下的连加。

智能教养训练

帮助宝宝学会评价自己的行为

培养宝宝良好行为习惯时，家长要坚持说理，让宝宝学会评价、判别自己的行为是对还是错，这样他就会以此来约束自己不做不该做的事情。比如，已经很晚了，宝宝仍坐在电视机前不肯去睡，你若硬拖他去睡，一定会引起他的情绪对立。你可以耐心地对他说：“今晚睡得太晚了，你明天早上起不来，到幼儿园就会迟到，会影响大家，还会使爸爸妈妈迟到。”你坚持这么做，不迁就宝宝，又不放弃耐心地说道理，久而久之，就会使宝宝学会评价和判别自己行为的适宜度，增强自我控制力。

学习礼貌做客

到了周末，全家准备到奶奶家做客，应事先作一些指导，使宝宝表现得有礼貌。进家门口，宝宝先问爷爷奶奶好。当爸爸妈妈给爷爷奶奶送礼物时，不可争着要先打开；当爷爷递来吃的东西时要先拿最小的，并且马上说“谢谢”；做客时不要乱翻抽屉和柜子，随便从里面取东西，需要什么用具，要“请”奶奶拿；离开爷爷奶奶家时要说“再见”。宝宝做客表现好，父母应该在回家后及时给予表扬。

当一只不怕冷的绵羊

＊活动1

绵羊

绵羊好可爱哦！除了爸爸相机里的照片，我自己也要把它们画下来。

材料：

书面纸、厚纸板、水彩、彩色笔、剪刀、海绵。

说明：

绵羊毛茸茸的身体一点都不难画吧！而且这些绵羊的毛一定比爸爸照的要洁白和漂亮一百倍呢！

步骤：

1 用剪刀在厚纸板上剪出一朵云彩一样的洞。

2 把剪好的厚纸板放在书面纸上，以海绵蘸上白色水彩后按压在云彩的洞里。

3 完成如图的两朵白云。不过它们可不是云朵哦！

4 拿彩色笔加上头部和四只脚，云朵就变成绵羊了。

5 再粘上厚纸板剪成的篱笆，绵羊才不会跑出来。

6 别忘了青青的草地和美丽的花朵哦！

＊活动2

彩色的羊咩咩

我们身上的毛衣有好多好多的颜色。如果绵羊身上的毛也是彩色的，那不就可以不用染色，而且变得更加漂亮吗？

材料：

书面纸或瓦楞纸、彩色笔、各色毛线、剪刀、双面胶带、圆点贴纸。

步骤：

1 用彩色笔在书面纸上画出云朵的轮廓。

2 在云朵里贴满双面胶带。

3 撕下双面胶带的另一面后，把毛线以绕圈圈的方式粘贴上去。

4 绵羊长出彩色的羊毛了。

5 利用瓦楞纸和圆点贴纸完成绵羊的头部和眼睛。别忘了脚哦！

6 加上美丽的背景，作品就完成了。

说明：

如果科学家培育出彩色的绵羊，你最希望它们变成什么样子？完成这件作品以后，你可以和宝宝讨论一下，也激荡一下彼此的想象力哦！

＊活动 3

红红小太羊

云朵的创意不仅可以完成平面的画作，还能做出立体的作品哦！让我们一起来试试看吧！

材料：

树脂土、白胶、黏土工具、彩色笔盖。

步骤：

1 将白色树脂土搓揉成椭圆球状，然后以彩色笔盖在球上按压出小圈圈。完成后的身体像不像绵羊身上毛茸茸的羊毛？

2 粘上绵羊的头部。

3 还有小小的耳朵。

4 另外准备红色的树脂土，以黏土工具按压成云朵的形状。

5 戴在绵羊的头上，就变成可爱的小红帽绵羊了。

6 接下来要揉出四颗小球，它们是绵羊的四只小脚。

7 点上黑色签字笔或粘上黑色小珠，作品就完成了。

说明：

同一种意象可以做出不同的造型和变化，或做出完全不同的作品，可是艺术课程里很重要的想象力开发概念！你和宝宝可以多找几个主题练习，对他会有很大的帮助。

正确地对待宝宝说谎

宝宝到了两三岁时，父母发现宝宝会说谎了。对于2～3岁的宝宝，说谎并非完全是品德问题。但是，如果父母不加注意，不分析教育，宝宝的说谎行为便会得到强化，养成爱说谎的坏习惯。所以，父母从宝宝第一次说谎起就要采取相应的措施。

＊不要一味地打击

当发现宝宝说谎后，家长要保持冷静的头脑。一味地打骂、训斥等简单的教育方法，只能将宝宝推向愿望的反面。对宝宝的话不能偏听偏信，必要时应做一番调查、核实。有不少宝宝是发现自己做了错事，又怕被父母责骂才说谎，如果家长再一味地打骂，反而事与愿违。父母要分析前因后果，及时发现、及时纠正，才不至于让宝宝把谎越说越大，应循循善诱，向宝宝指出说谎的危害性，让宝宝在内疚中知错，在鼓励中改错。

此外，家长还应该掌握一些儿童心理学，分清宝宝的话究竟是幼稚的想象，还是故意说谎，两者之间有质的区别，对待也要加以区别。

＊丰富宝宝的知识面

儿童知识面窄，爱幻想，常将幻想中的事同现实中的事混淆起来，分不清事情的真假，其实这只是一种想象，是说谎的假象。对待这种“吹牛”，家长应该善于利用，首先鼓励、表扬宝宝创新的想象力，抓住机会，通过一些小故事、身边的客观事物，或通过书本、电视等一些直观手段，让宝宝取得正确的知识，让他从小能比较正确、公正、客观地看待事物，不能一切想当然。

＊教宝宝明辨是非的能力

宝宝年龄虽小，但也有虚荣心和好胜心，他由于不具备道德评价能力和应有的社会价值感，免不了使好胜心转变为虚荣心，从而导致说谎，因此，要从小培养宝宝正确健康的竞争观念。通过平时的言传身教，讲故事，分析身边小事，说明一些做人的道理，从平时的一些小事严格要求，让宝宝了解什么是对的、什么是错的，什么是应该做的、什么是不能做

的，做了错事会对自己、对别人产生怎样的不良影响、不良后果。让宝宝明辨是非，不应该做的事不做，不诚实的话不说，当宝宝无意中做了错事，懂得诚实是一种美德，知错就改还是好宝宝。

宝宝喜欢“拿”别人东西，怎么办

* 宝宝和家人

父母一旦发现宝宝有拿别人东西的习惯，就要引起重视，不能认为宝宝还小，什么也不懂，等长大了自然就明白，也不能什么也不问就又打又骂。那么，作为父母，如何让宝宝知道不能拿别人的东西呢？

首先，要明确一点，对于宝宝的“偷拿行为”，不管是老师还是父母都不能不分青红皂白就给宝宝扣上一顶“小偷”的帽子，这样做所带来的伤害比宝宝拿玩具回家本身要严重得多。这种践踏人格的指责，可能会影响宝宝的一生，对他今后性格的发展产生极坏的影响。

当然，也不能置之不理，作为父母，在弄清楚宝宝偷拿别人东西的原因后，首先要告诉宝宝，这种行为是不好的，是不让人喜欢的，让宝宝明白他拿的东西不是自己的而是别人的。然后告诉他不是自己的东西不能要，应向别人道歉，还给别人。

* 培养宝宝的物权观念

1 制定规矩。鼓励宝宝想要什么要跟大人讲，规定在公共场所或别人家里，什么东西是可以拿的，什么东西是不可以拿的。最基本的规矩是：想要什么，在拿起来之前，先问问大人可不可以。

2 让宝宝知道凡事要商量。宝宝还小，也许不了解为什么看到喜欢的东西不能拿走，这时父母可以这样回应他：“如果你想要这个东西，可以告诉妈妈，我看看可不可以。”让亲子之间可以有“谈”和“商量”的余地。

3 明白“借”与“偷”的差别。父母必须让宝宝明了“借”与“偷”之间的差异，以及其不同的后果，当你对宝宝说“不可以偷拿别人的东西”时，让他了解“偷”是不对的行为，是不被允许的。

4 为拿（偷）东西付出代价。为了帮助宝宝了解随意拿人家东西是不对的行为，是需付出代价的，当宝宝有不当行为时，父母可以罚他做一些额外的工作，或是要他放弃一样他很珍爱的物品，让他同样感到失去喜爱东西的痛苦和感受。

5 将拿（偷）的东西归还。宝宝拿（偷）了别人的东西，父母要他自己去归还；有必要的情况下，父母可以陪同宝宝一起去。

6 多沟通。良好的亲子对话是很重要的，借着沟通可以了解宝宝的内心想法，并鼓励他说出生活中所发生的大小事，便可提早防范许多观念上的偏差或不良的行为。

图书在版编目（CIP）数据

成功早教专家指导 / 张秀丽编著 . —北京：中国人口出版社，2012.6

ISBN 978-7-5101-1265-2

Ⅰ . ①成… Ⅱ . ①张… Ⅲ . ①婴幼儿—早期教育

Ⅳ . ① G61

中国版本图书馆 CIP 数据核字（2012）第 120342 号

成功早教专家指导

张秀丽 / 编著

出版发行	中国人口出版社
印　　刷	沈阳美程在线印刷有限公司
开　　本	820 毫米 ×1400 毫米 1/24
印　　张	9.25
字　　数	200 千
版　　次	2012 年 7 月第 1 版
印　　次	2012 年 7 月第 1 次印刷
书　　号	ISBN 978-7-5101-1265-2
定　　价	29. 80 元

社　　长	陶庆军
网　　址	www.rkcbs.net
电子信箱	rkcbs@126.com
电　　话	(010) 83534662
传　　真	(010) 83515922
地　　址	北京市西城区广安门南街 80 号中加大厦
邮政编码	100054